하루 10분
매일 월급 버는
**기적의
매매 공식**

종목 선정부터 거래량, 호가창 분석,
매매 타이밍 잡는 검색식까지!

하루 10분
매일 월급 버는
기적의
매매 공식

책전주식 지음

길벗

똑똑하고 합리적인
사람일수록
손실 나는 주식시장

수익 극대화의 함정

오랫동안 주식 투자를 하면서 돈을 벌기도 했지만 실패도 많이 했습니다. 그 과정에서 많은 점을 느꼈습니다. 예전부터 차트를 활용해서 투자를 해왔고, 모든 성공 요인을 차트에서 찾으려고 했습니다. 보조지표를 누구보다 많이 이용했고, 기준이 되는 거래량 지표부터 매매 원칙과 기준들을 수없이 바꿔봤습니다. 그렇게 했던 이유는 뭘까요? 가장 근본적인 이유는 바로 수익을 극대화하기 위해서였습니다. 어떻게 보면 수익 극대화, 수익률 극대화라고 하는 것은 인간에게 있어 굉장히 합리적인 현상입니다.

만약 사업을 한다고 생각해보겠습니다. 치킨 집을 차렸습니다. 또는 카페를 차렸습니다. 치킨 한 마리를 파는 게 좋을까요, 100마리를 파는 게 좋을까요? 하루에 커피 한 잔을 파는 게 좋을까요, 100잔을 파는 게 좋을까요? 당연히 치킨 100마리를 파는 게 좋고, 커피 100잔을 파는 게 좋습니다. 이를 위해 마케팅이나 목이 좋은 지리적 이점을 이용한 전략 등을 활용하는 방식으로 수익을 극대화해나갈 것입니다. 그리고 사업을 진행하며 단점들을 하나하나 개선해나가면서 매출을 증대시킬 것입니다. 중요한 점은 우리가 살아가면서 당연하다고 여기는 이 생각, '한 잔을 파는 것보다 100잔을 파는 것이 훨씬 이득이다. 그리고 한 잔을 파는 것보다 100잔을 팔기 위해

노력하는 것이 굉장히 합리적이다'라는 생각이 주식시장에서는 통하지 않는다는 것입니다.

주식 투자는 인생을 사는 진리와는 다르다

주식 투자는 종목이나 기법이 아닌, 바로 나 자신과의 싸움입니다. 내가 얼마나 욕심을 줄이고, 절제하여 수익을 안정적으로 얻어가는지가 가장 중요합니다.

10년 전쯤 제주도로 귀도한 사람들이 가장 많이 했던 사업 구조 중 하나가 항상 똑같은 양의 상품을 파는 것이었습니다. 그래서 어느 식당에 가면 '하루에 50그릇만 팝니다', 어느 상점에 가면 '100개만 팝니다'처럼 한정된 수량만 판매하는 사업 구조가 유행했습니다. 주식 투자는 이와 마찬가지로 운영해야 합니다.

욕심을 줄이고 합리적이라고 생각하는 수익 극대화에서 정반대의 길을 가야 합니다. 제주도에 내려가서 그런 사업을 했던 사람들처럼 우리는 하루에 10그릇만 팔거나, 때로는 한 달에 한 그릇만 팔수도 있습니다. 중요한 점은 이 한 그릇이 가장 소중하고 중요한 나의 수익원이라는 것입니다. 한 그릇이 팔릴 때마다 확정적으로 어느 정도의 마진이 나는 사업의 수익 구조와는 다르게 주식시장에는 이러한 확정적 마진 구조 자체가 없습니다. 내가 10종목을 매수해서 들어가면 반드시 몇 종목은 하락하게 되어 있고, 오른 종목도 확정적인 수익이 아니기 때문에 수익 극대화라는 개념 자체가 먹히지 않는다는 뜻입니다.

내가 수익을 낼 수 있는 정확한 타점, 그리고 명확한 기준이 있는 소수의 종목에만 집중해야 합니다. 그리고 그 종목에서조차 실패하면 과감하게 실패를 인정하고 손실을 감당하며 나올 줄 알아야 합니다. 우리가 치킨 집을 하며 10마리 팔던 것을 100마리로 늘려보자는 전략을 짜듯이 생각하면 안 됩니다. 마치 치킨 집 프랜차이즈를 차린다고 생각해야 합니다. 프랜차이즈점 하나보다는 10개에서 수익이 많이 남겠지만, 그 10개가 모두 성공할 수는 없습니다. 그래서 하나하나 늘려갈 때마다 명확하게 지점들이 성공했던 요인들을 분석하고, 그 요인을 그대로 따라가려고 노력해야 합니다. 하지만 이런 식으로 지점을 계속해서 늘려간다 하더라도 반드시 실패하는 지점이 생기기 마련이고, 본점보다 더 성공하는 지점이 생길 수도 있습니다.

주식 투자는 이런 마인드로 접근해야 합니다. 내가 지금 가지고 있는 이 종목에서 확정적으로 수익을 얻은 후 그다음 종목으로 넘어가고, 또 다른 종목으로 넘어가야 하는 것입니다. 지금 한 종목의 수익이 좋다고 해서 10종목으로 확 늘리면 내 욕심에 말려들게 되고, 분명히 실패하게 됩니다. 제가 종목을 모두 분할하여 리스크를 줄이고, 실패하더라도 그 실패가 내 계좌에 큰 영향을 미치지 않게 하는 이유가 바로 여기에 있습니다.

리스크 관리가 가장 중요합니다. 수익 극대화가 목적이 아니라 리스크를 최소화하는 것이 주식 투자의 목적입니다. 그래서 똑똑한 사람들, 서울대를 나오거나 엄청난 브레인들이 주식 투자에 성공했다는 말을 많이 들어보지 못한 이유가 여기에 있습니다. 모든 것에 서툴고 잘할 줄 아는 것이 없다고 해도 욕심을 절제할 수 있는 사람이라면 주식시장에서 성공할 수 있습니다. 나의 현재 직업에 만족하면서 소액으로 주식 투자를 시작해도 됩니다. 저와 같이 투자하고 계시는 여러분, 그리고 이제 시작하려는 분들 모두 각자의 직업이 있으실 거예요. 하루 커피 한 잔 또는 하루 치킨 값을 목표로 투자하고 계시는 분들이 상당히 많습니다. 투자금의 규모는 중요하지 않습니다. 1년이고 2년이고 누적수익이 발생한다면 내가 현재 투자하고 있는 투자금에 0 하나를 더 붙이고, 또 하나를 덧붙이면 됩니다.

만약 한 달에 10,000원의 수익을 거뒀다면 2년 후에는 한 달에 10만 원의 수익이 될 수 있고, 100만 원의 수익이 될 수도 있습니다. 중요한 건 수익률입니다. 수익 금액이 아닙니다. 처음 몇 년 동안 수익률을 챙길 수 있는 매매 기법을 제대로 만들어두면 동일한 방법으로 10배, 100배의 수익을 거둘 수 있을 것입니다. 시드머니가 적다고 해서 기죽지 말고 꾸준하게 연습해서 성과가 나오면 그때부터 투자금을 늘려가도 절대 늦지 않습니다.

주식시장은 우리가 태어나기 전부터 존재해왔으며 우리가 죽을 때까지 열릴 것입니다. 우리가 죽고 나서도 주식시장은 계속될 것입니다. 1년, 2년 늦게 간다고 해서 절대 늦은 것이 아닙니다. 1~2년 동안 내공을 쌓고 수익률을 확보한다면 남은 기간에는 연습하는 그 기간에 벌려고 했던 수익을 충분히 벌고도 남을 것입니다.

마지막으로 강조하겠습니다

똑똑한 사람일수록 주식시장에서는 살아남기 힘듭니다. '나는 바보다', '나는 욕심이 없다'라고 생각하고 욕심을 줄이고 커피 값부터 시작해서 치킨 값, 보너스 값 그리고 내 월급만큼으로 발전시켜 나가길 바랍니다.

책전주식

Chapter 1 | 주식 투자 마인드셋

Chapter 2 | 기술적 분석의 꽃은 차트

Chapter 3 | 차트 분석 도구인 HTS 활용법

Chapter 5 | 수익의 극대화를 꿈꾼다! 단타 매매

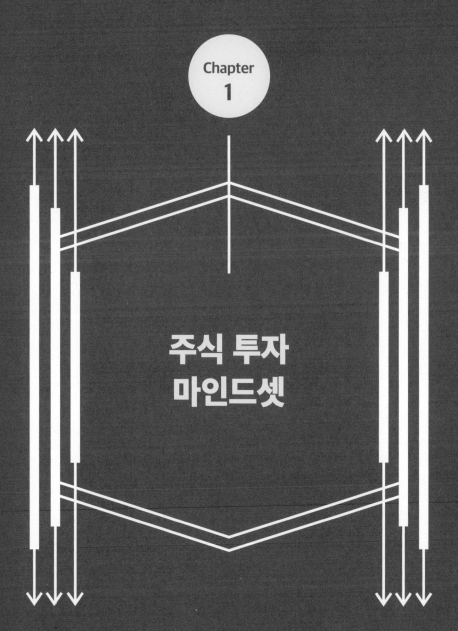

Chapter
1

주식 투자
마인드셋

항상
욕심을 경계할 것

대한민국 누구나 주식고수였던 시기

여러분은 주식 투자를 언제 시작하셨나요? 아마 2020년이라고 대답하는 분들이 많을 것 같습니다. 2000년 닷컴버블, 2008년 글로벌 금융위기 등 10년에 한 번씩 반복되는 전 세계 경제위기는 2020년에도 어김없이 찾아왔습니다. 코로나바이러스감염증-19로 인한 경제위기가 전 세계 주식시장의 대폭락을 일으켰죠. 하지만 미국은 그전과 다르게 이미 10년 전 효과를 봤던 양적완화라는 카드를 재빠르게 꺼내들면서 폭락했던 세계 주식시장을 급반등을 넘어 폭등으로 이어지도록 만들었습니다.

우리나라도 예외는 아니었습니다. 우리나라 코스피와 코스닥 시장의 호황기가 시작되면서 지금까지 들었던 주식 투자에 대한 부정적인 이야기, 즉 '주식 하면 패가망신한다', '주식 했다가는 무조건

깡통 찬다'라는 말들이 '나 주식으로 돈 좀 벌었어', '앞으로 이 종목이 올라갈 거래' 등의 말들로 바뀌기 시작했습니다. 유튜브와 블로그 등 사람이 모이는 곳에는 온통 주식 이야기뿐이던, 그야말로 대한민국 국민 누구나 주식 투자에 푹 빠져 있던 동학개미운동의 시대가 시작되었죠.

합리적 판단이라는 가면을 쓴 '욕심'

아이들 학원비만이라도 벌어볼 요량으로 주식에 발을 들여놓은 철구 씨는 하루하루 평생 잊지 못할 수익률을 맛보며 주식시장에서 승승장구하는 중이었습니다. 주식 투자는 생각보다 너무 쉬웠습니다. '지금까지 내가 너무 겁을 내고 있었구나. 시드를 좀 늘려서 지금보다 더 많은 수익을 내보자' 하는 생각이 들기 시작합니다. 그래서 가족과 함께할 장밋빛 미래를 꿈꾸며 여기저기서 빚을 내어 더 많은 투자금을 주식계좌에 입금하기 시작합니다.

수익에 익숙해지고 매매에 중독되면서부터는 주식 공부가 무의미하게 느껴졌습니다. 어차피 매수해서 조금만 버티면 금방 원금을 회복하고 수익까지 퍼주는 시장이었으니까요.

그러던 어느 날 철구 씨는 급등하는 종목 하나를 아무 이유 없이 따라 매수합니다. 곧바로 가격이 하락했지만 며칠 후 여지없이 주가가 다시 상승하면서 목표수익률에 도달했죠. 처음엔 주가가 회복하기만 하면 매도해야겠다고 생각했습니다. 하지만 주가가 목표 지점에 도달하자 다른 생각이 머릿속에 끼어듭니다. '지난번에 아무

것도 모르고 여기서 팔았다가 그 이후로도 주가가 더 올라서 한참을 아쉬워했던 경험이 있으니 이번에는 조금 더 기다려 보자. 더 올라갈 거야. 합리적으로 수익을 극대화하는 거야' 하고 말이죠.

하지만 그 순간부터 주가는 하락하고 결국엔 처음 매도하려고 계획했던 가격보다 더 크게 하락하면서 장을 마감했습니다.

다음 날 아침, 알람이 울리기도 전에 눈이 떠지면서 바로 스마트폰으로 어제 하락했던 종목을 검색합니다. 밤새 잠을 설쳐가며 네이버 종목 토론방에서 봤던 글들 위로 새 글이 올라왔는지 살펴봅니다. 많은 의견 중에서도 다시 올라갈 거라는 글들만 머릿속에 들어오면서 상한가를 희망하기 시작합니다. 하지만 시간이 지나도 가격은 오르지 않고 이제야 종목에 대한 기업분석이나 재무제표, 차트를 공부하기 시작합니다.

뭔가 이상하지 않나요? 하루하루 힘들게 번 내 피 같은 돈을 투자하면서 어떤 기업인지 알아보지도 않고 당일 급등한다는 이유로 매수하거나, 누가 추천했다는 이유만으로 매수를 결정하다니요. 철구 씨의 이야기가 바로 우리의 현실입니다.

결국엔 어떻게 될까요? 내가 상상했던 수익은커녕 이제는 손실에서 조금이라도 벗어나고자, 원금 회복이라도 될 때까지 기다리게 됩니다. 한 달이 지나고 두 달이 지나고, 더 이상 반등의 기미가 보이지 않을 때까지 기다리고 나서야 손절매하며 큰 손실로 허망하게 주식 투자를 마치게 됩니다.

크게 잃긴 했지만 다음번에 만회하면 된다는 생각, 빠르게 손실을 메워야 한다는 마음이 계속해서 급등주를 찾게 만듭니다. 그리고 오를 종목을 추천해준다는 리딩방에 돈을 쓰기 시작하면서 악순환이 반복됩니다. 한번 형성된 악습관은 계속해서 철구 씨를 괴롭게 할 것입니다.

주식 투자로 수익 내는 절대 비결

코로나-19 팬데믹 이후 활황기를 맞이했던 주식시장은 러시아-우크라이나 전쟁과 미국의 고금리 정책으로 인해 변동성이 심화되었습니다. 한마디로 까다로운 장세가 되었다는 말입니다. 이럴 때일수록 수익을 내기 위해서는 가장 중요한 한 가지를 기억해야 합니다. 바로 '제대로 된 주식 투자 공부'입니다.

대세 상승장 속에서 내 실력이 좋아 수익이 난 것이 아니라 단지 운이 좋았을 뿐이라는 사실을 인정하고, 욕심을 배제한 계획된 시나리오대로 매매해야 합니다.

저는 이 책을 통해 어떤 상황에서도 흔들리지 않는, 제대로 된 주식 투자 공부법에 대해 말씀드리려고 합니다. 여러분의 주식 투자에 조금이라도 해답이 되길 바라면서, 안정적이고 꾸준한 수익을 내기 위한 좋은 습관을 함께 만들면 좋겠습니다.

인생역전도
한 걸음부터

전통적인 저축만으로는 답이 없는 시대

우리는 은행에만 돈을 넣어놔도 이자가 눈덩이처럼 불어났던 1990년대와는 확연히 다른 시대를 살고 있습니다. 인플레이션으로 빠르게 내려가는 화폐가치와 결국엔 낮아질 수밖에 없는 시장금리는 가만히 있을수록 서서히 가난해지는 결과만을 가져올 것입니다. 결국 우리는 최소한 가난해지지 않기 위해서라도 시중금리와 인플레이션을 웃도는 수익률을 가진 투자 수단을 찾아 자산을 불려야 합니다.

'주식 투자' 하면 떠오르는 생각은 당연히 높은 수익률입니다. 코로나-19 팬데믹 이후 많은 직업이 축소되거나 사라지면서 노동시장 수익에 대한 신뢰감이 낮아졌습니다. 그리고 양적완화로 급격하게 늘어난 시장 자금이 주식시장에 대거 유입되면서 유례없는 대국

민 투자 시대를 만들었습니다..

코로나-19 백신 관련주 신풍제약 2,600% 급등, 쿠팡 상장 관련주 동방 400% 상승, 러시아 전쟁 관련주 한일사료 450% 급등. 특히 2023년 상반기를 뜨겁게 달군 2차전지 관련주 에코프로와 에코프로비엠의 수익률은 600% 이상을 기록하면서 에코프로 주식을 가지고 있지 않은 사람을 '벼락거지'라고 부를 정도로 주식 투자로 인한 인생역전이 불가능하지만은 않다는 사실을 알려주었습니다.

주식은 하이 리턴, 하이 리스크

우리가 주식 투자를 하는 가장 큰 이유가 바로 수익률이지만, 이것만큼 사람들을 위험에 빠뜨리는 것도 없습니다. 수익률에 대한 사람들의 기대와 환상, 그것은 곧 주식으로 인생역전을 할 수 있다고 생각하게 만드는 것입니다. 앞서 인생역전이 가능하다고 말했지 않았냐고요? 네, 맞습니다. 하지만 그 확률은 마치 로또에 당첨될 확률과도 같습니다.

운이 좋아 100만 원을 투자해 100만 원의 수익을 얻을 수 있을지 몰라도, 날마다 100만 원의 수익을 계속해서 낼 수 있는 그런 방법과 종목은 없습니다.

주식시장은 하이 리스크, 하이 리턴(High risk, High return: 큰 위험을 감수한 큰 수익)이 아닌 하이 리턴, 하이 리스크(큰 수익을 놓치게 되는 큰 위험)라는 말이 더 잘 어울리는 시장입니다. 결국 앞서 언급했던 '주식 하면 패가망신한다', '주식 투자의 말로는 깡통이다'라는 부정적인 말들은 바로 욕심을 부리다가 위험한 결과를 맞이한 사람들의 이야기인 것입니다.

주식 투자는 굉장히 무서운 수단입니다. 주식 투자는 돈 버는 수단이 아니라 돈을 잃는 수단입니다. 실력이 아닌 운에만 의지하여 주식 투자를 할 생각이라면 1년도 못 가서 주식시장을 떠나게 될 것입니다. 왜냐고요? 원금이 사라지게 되기 때문입니다.

그렇다면 올바른 주식 투자를 위해 우리가 가져야 할 투자 마인드셋은 무엇일까요?

마이너스 금리 효과를 가지는 은행 저축 상품을 제외하고 현재 우리나라의 안정형 펀드의 1년 수익률은 평균적으로 6~7% 정도입니다. 이 투자 수익금도 굉장히 높은 편이지만 주식 투자에서는 하루에 5~10% 이상의 수익을 낼 수 있습니다. 이렇게 보면 주식 투자는 높은 수익률은 물론, 누구나 쉽고 빠르게 시작할 수 있는 최고의 투자 수단인 것입니다.

순서	펀드명	운용사명	위험	6개월 수익률	1년 수익률	3년 수익률
1	코레이트하이일드…	코레이트자산운용	보통위험	8.93	7.73	
2	IBK단기국공채공…	아이비케이자산운…	보통위험	10.95	6.21	13.25
3	대신하이일드공모…	대신자산운용	보통위험	3.39	4.61	
4	삼성퇴직연금노무…	삼성자산운용	보통위험	4.84	3.75	20.26
5	브이아이공모주하…	브이아이자산운용	보통위험	3.04	3.62	
6	삼성퇴직연금아세…	삼성자산운용	보통위험	2.04	3.37	25.77
7	미래에셋퇴직플랜…	미래에셋자산운용	보통위험	6.72	3.12	19.46
8	알파시나브로공모…	알파자산운용	보통위험	7.76	2.78	28.25
9	DB2년만기일파종…	디비자산운용	보통위험	2.53	2.76	
10	휠컵공모주하이일…	휠컵자산운용	보통위험	3.62	2.65	
11	파인만스타공모주…	파인만자산운용	보통위험	3.43	2.63	22.65
12	우리에이스공모주…	우리자산운용	보통위험	2.28	2.3	

[1-1] 2023년 5월 1일 기준 혼합형/보통위험/1년 수익률 조회   출처: 펀드다모아

부동산, 가상화폐, 펀드 등 투자를 통해 돈을 벌 수 있는 수많은 방법이 있지만 법의 테두리 안에서 안전하고 자유롭게 매매할 수 있고, 단기간에 만족할 만한 수익을 줄 수 있는 투자 수단은 주식 투자가 유일합니다.

이렇게 좋은 투자 수단인 주식 투자에서 꾸준히 수익을 낼 수 있는 방법은 하이 리스크(욕심)를 제거하고 한 번에 수익을 많이 거둘 생각보다 한 달에 1% 수익률을 목표로 투자하는 것입니다.

1% 수익률의 기적

'엥? 겨우 한 달에 1%?'

그거 벌려고 주식 투자를 시작한 게 아니라고요? 다시 한번 철구 씨의 사례를 떠올려볼까요? 작은 수익에 만족하지 못한 채 큰 수익을 노리고 자신의 생각과 판단을 합리화하면 할수록 더 큰 손실만 반복하는 투자가 되기 쉽습니다.

한 달에 1%씩 1년을 쌓으면 원금의 12% 수익률이 됩니다. 시중에 있는 어떤 금융 상품보다도 더 큰 수익률입니다. 주식 투자를 인생역전의 수단이 아닌 하나의 재테크 수단으로 생각하고, 매달 돈을 저축하듯이 모든 매매의 목표수익률을 무조건 1%로 정하는 겁니다. 이렇게 하다 보면 처음엔 한 달에 1%였던 수익률이 일주일에 1%가 되고, 3~4일에 1%가 됩니다. 그리고 어느 순간 하루 수익률이 1%가 되는 순간이 오게 됩니다. 천천히 실력과 확률을 늘리는 주식 투자를 하다 보면 언젠가는 내가 생각했던 것보다 훨씬 더 큰 수익금이 쌓이게 될 것입니다.

우리가 주식 투자로 인생역전을 할 수 있는 방법은 작은 수익률을 천천히 쌓아가는 것이 가장 현실적인 방법이라는 사실을 잊지 말아야 합니다.

 Tip

투자 원금이 커야 수익도 크다?

주식 투자를 할 때 갖는 가장 큰 오해는 투자 원금이 커야 수익금도 클 것이라고 생각하는 것입니다. 반은 맞고 반은 틀린 말입니다. 주식시장에서 오래 살아남은 분들은 현금 확보를 굉장히 소중하게 여깁니다. 시드가 아무리 많아도 실질적으로 투자에 투입하는 자금은 적거나 투자 원금의 일부만을 활용합니다.

먼저 한 달에 1%씩 12개월을 누적 수익으로 마감할 수 있는 실력을 만들고 난 뒤에 시드를 늘려도 늦지 않습니다. 주식시장은 오늘도 열리고 내일도 열리며 10년 후에도 열릴 것이라는 사실을 잊지 마세요. 조바심을 내려놓고 한 달에 1%씩, 수익 누적에만 집중해보세요. 반드시 주식시장에서 살아남아 인생역전을 이루게 될 겁니다.

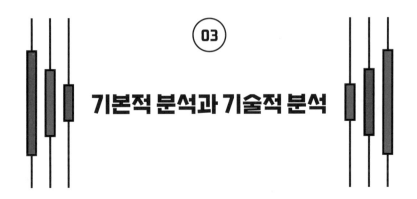

03
기본적 분석과 기술적 분석

본격적으로 주식 투자 공부에 들어가기 전에 반드시 짚고 넘어가야 할 문제가 있습니다. 바로 주식 투자를 하는 다양한 방법을 살펴보고 나에게 맞는 투자법을 찾는 것입니다.

주식 투자에는 크게 두 가지 접근법이 있습니다. 첫 번째는 기본적 분석이고, 두 번째는 기술적 분석입니다.

기본적 분석

기본적 분석이란 기업의 재무를 분석하고 기업의 이슈, 테마, 성장성, 수익성 등을 보면서 기업의 내재적 가치를 판단하는 것을 우선으로 합니다. 따라서 가치투자라고도 합니다. 내재적 가치보다 주가가 저평가되어 있을 때 매수해서 주가가 내재적 가치를 따라 상승하면 매도하는 방법입니다. 그래서 단기적 시세차익보다는 잠재력과 성장성 등 기업이 가진 미래 가치에 비중을 두고 투자하는 방식입니다.

기본적 분석은 산업의 미래와 기업의 가치를 판단해야 하므로 공부해야 하는 양이 상당히 많습니다. 재무제표와 사업보고서를 볼 줄 알아야 하고 경기, 산업 동향 그리고 세계 경제 상황까지 두루두

[1-2] 삼성전자(005930) 종목 분석

출처: 네이버 증권

루 알고 있어야 합니다.

기본적 분석으로 가장 유명한 사람은 누구일까요? 바로 투자의 대가 워런 버핏입니다. "10년간 함께하지 않을 주식이라면 단 10분도 갖지 말라"는 그의 말로 기본적 분석을 정의할 수 있습니다.

기본적 분석을 할 때 조심해야 할 요소는 아무리 재무적으로 탄탄하고, 성장 가능성이 높고, 저평가되어 있는 종목을 발견했다고 하더라도 매수 시점에 테마 이슈성이 떨어진다면 저평가 상태가 지속되어 수익을 내기까지 오래 기다려야 할 수 있다는 것입니다.

이렇게 테마와 이슈를 보고 접근하는 기본적 분석법도 존재합니다. 흔히 말하는 테마주(급등주)가 바로 그것입니다. 테마주가 왜 기본적 분석일까요? 조금만 생각해보면 답을 금방 찾을 수 있습니다. 예를 들어, 2차전지 테마로 묶인 종목들은 2차전지 시장이 커질수록 주가가 상승할 가능성이 커집니다. 정치인과 연관된 종목은 그 정치인이 당선될 확률이 높아질수록 주가가 올라갑니다. 이는 정치인의 당선이 곧 해당 기업의 매출 증대로 이어질 것이라는 기대감을 나타내기 때문입니다. 이와 같이 기업이 가지는 내재적 가치와 현재 주가의 괴리를 채우는 과정이 바로 테마주의 급등인 것입니다.

테마주를 매매할 때는 테마의 방향성과 재료 소멸 동향, 즉 테마의 이슈가 언제까지 지속될 것인지를 반드시 확인해야 합니다. 테마의 재료가 소멸되는 순간, 주가도 큰 폭으로 하락하는 현상이 나타날 수 있기 때문입니다.

한 예로 2023년 상반기에 급등한 자이글은 웰빙주방, 건강 헬스케어, 의료기기 등의 제품을 주로 판매하는 업체입니다. 그런데 미국에 2차전지 합작법인 설립을 고려하고 있다는 뉴스로 인하여 신

사업 진출에 대한 매출 증대 기대감이 주가에 반영되어 3만 8,900원까지 치솟아 단기간에 500% 급등하는 현상을 보여주었습니다. 하지만 실제로 2023년 7월 합작법인 설립을 공시하였을 당시 주가는 고점 대비 50% 하락하여 1만 8,000원대를 유지하고 있는 모습을 보여주었습니다.

타법인 주식 및 출자증권 취득결정

1. 발행회사	회사명(국적)	ZAICELL JV LLC	대표이사	BRIAN QUINN
	자본금(원)	-	회사와 관계	
	발행주식총수(주)	-	주요사업	- LFP배터리 제조사로서 ZAICELL INC의 지분을 100%를 가진 기업으로, ZAICELL INC를 운영. - 배터리 셀 제조 전문 회사 운영
-최근 6월 이내 제3자 배정에 의한 신주 취득 여부		아니오		
2. 취득내역	취득주식수(주)	-		
	취득금액(원)	19,180,500,000		
	자기자본(원)	41,709,024,430		
	자기자본대비(%)	45.99		
	대기업 여부	미해당		
3. 취득후 소유주식수 및 지분비율	소유주식수(주)	-		
	지분비율(%)	30		
4. 취득방법		- 기계장치 현물출자에 의한 출자지분의 취득으로서, 자이글(주)가 보유하고 있는 기계장치를 ZAICELL JV LLC에 현물출자하고, 자이글(주)는 그 대가로 ZAICELL JV LLC의 출자지분을 취득함 - 현물출자 전 ZAICELL JV LLC의 지분율은 0%이며, 현물출자 후 지분율은 30%로 증가함.		
5. 취득목적		미국자이셀은 한국 자이글의 주요 매출처이자 사업적, 영업적 파트너가되며, 글로벌 시장 진출의 교두보 확보가 목적임.		
6. 취득예정일자		2023-07-27		

[1-3] 자이글(234920) 합작법인 설립공시

이런 테마주의 특성은 테마주 투자가 기본적 분석 접근법 중에서
도 상당히 위험한 투자법이라는 사실을 증명하는 것이기도 합니다.

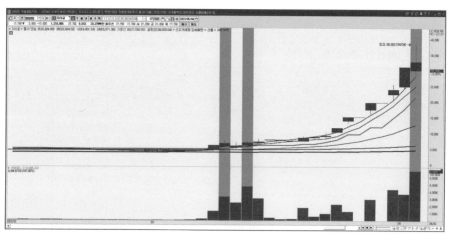

[1-4] 자이글(234920) 일봉 차트: 2차전지 테마로 인한 단기간 급등 현상

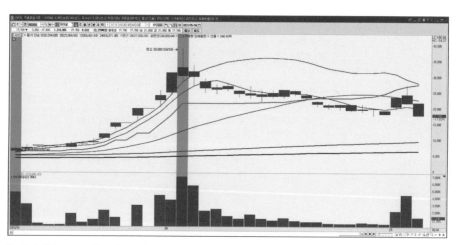

[1-5] 자이글(234920) 일봉 차트: 2차전지 재료 소멸로 인한 주가 하락 현상

기술적 분석

기술적 분석은 일반적으로 차트 분석이라고 하는데, 그 성격이 기본적 분석과는 매우 다릅니다. 기본적 분석은 기업의 잠재력과 성장 가능성을 보고 투자하지만, 기술적 분석은 차트에 표현된 가격 데이터와 거래량, 보조지표들의 수치를 분석하여 앞으로 나올 패턴을 예측해 투자합니다. 그래서 기업의 매출, 수익과 상관없이 주가가 내가 매수한 가격보다 많이 올라가는지가 가장 중요한 투자 지표가 됩니다.

현재 내 계좌에 보유하고 있는 한 종목을 머릿속으로 떠올려보고, 어떤 이유로 매수했는지 생각해보세요. 만약 매수 전이라면 투자할 종목을 어떤 기준으로 골랐는지 떠올려보세요. 기본적 분석 방법으로 접근했다면 차트 분석을 꼭 해야 할 필요는 없습니다. 왜냐하면 가장 중요한 요소는 내재적 가치와 주가의 비교이지, 차트의 패턴이 아니기 때문입니다.

반대로 차트 분석을 통해 매수를 결정했다면 내가 예측한 대로 차트가 움직이는지 관찰하고 매도 타점을 잡아야 합니다. 차트 분석을 통해 매수했으나 그 후 기업에 대한 정보를 찾아보고 테마를 확인해서 기본적 분석의 기준으로 매도 타점을 변경하는 실수를 범

⊙ 기본적 분석과 기술적 분석의 차이

구분	투자 기준
기본적 분석	기업이나 산업의 미래 가치, 즉 성장 가능성이나 잠재력을 보고 투자
기술적 분석	주가가 현재보다 오를 것인지 차트에 표현된 데이터를 보고 투자

하지 말아야 합니다.

내가 하는 투자가 기본적 분석을 기본으로 하는지 기술적 분석을 기본으로 하는지를 명확하게 알고 투자법을 적절하게 사용해 매매한다면 지금보다 더 안전하고, 큰 투자 수익을 만들 수 있습니다.

가장 효과적이고 효율적인 기술적 분석

저는 기술적 분석을 통해 투자하는 투자자입니다. 제가 기술적 분석을 선택한 이유는 가장 효과적이고 효율적인 투자법이라고 생각하기 때문입니다.

앞서 말했지만 기본적 분석은 방대한 지식을 요구합니다. 만일 내가 경제나 경영을 전공하지 않은 비전공인이고, 세계 경제에 대해 기본 지식이 부족하거나 경제신문 읽기를 힘들어하는 사람이라면 과감하게 기본적 분석을 포기해야 합니다. 주가를 예측하는 능력이나 지식은 결코 단기간에 해결될 일이 아니기 때문입니다.

저는 호주 대학교에서 회계학을 전공하고 한국 코스피 상장사의 회계부에서 재무제표와 사업보고서를 작성하는 실무를 담당한 경험이 있습니다. 그럼에도 불구하고 여전히 재무제표나 사업보고서 분석을 통해 주가를 예측하는 방법이 어렵기만 합니다.

사업보고서를 수박 겉핥기식으로 접근해서는 절대로 기본적 분석에서 살아남을 수 없습니다. 그래서 기본적 분석 투자자들은 따로 스터디 그룹을 만들어 각자 맡은 기업과 사업 부문에 대해 엄청난 양의 공부를 하고 서로 발표하면서 정보를 교환하기도 합니다.

기본적 분석 접근법이 나쁘다는 말이 아닙니다. 다만 본업이 따로 있는 직장인이라면 기본적 분석의 방대한 공부량이 부담될 수 있습니다. 또한 재테크 수단으로써 주식을 통해 꾸준한 현금흐름을 만들고 싶은 분들에게는 기본적 분석은 장기 투자를 기본으로 하기 때문에 좋은 종목에 투자했다고 하더라도 현금흐름이라는 목적을 달성하기는 어려울 수 있습니다. 그래서 모든 종목이 동일하게 가지고 있는 차트 데이터 분석을 통해 어느 종목에나 대입할 수 있는 기술적 분석법으로 주식 투자를 하는 게 훨씬 더 효율적이고 여유로운 주식 투자가 가능하다는 결론에 이르렀습니다.

기술적 분석은 차트가 내포하고 있는 데이터를 분석하여 미래에 캔들이 움직일 방향을 예측하는 접근법입니다. 주식시장에 상장된 2,000여 개 기업들은 저마다의 사업과 수익성을 가지고 있지만 사용하는 차트 데이터는 모든 종목이 동일합니다. 거래가 발생하면 거래량 캔들이 생기고, 가격이 변동하면 캔들이 움직이게 됩니다. 따라서 차트 데이터를 보면 주가가 어떻게 흘러왔고, 또 어떻게 흘러갈지 예측할 수 있습니다. 그래서 차트만 분석하는 기술적 투자는 기본적 분석보다 공부량이 훨씬 적습니다. 결과적으로 기술적 분석을 제대로 공부하고 실천한다면 적은 시간을 투자하고도 확실한 현금흐름을 만들 수 있습니다.

보유 기간별
주식 투자의 종류

주식 투자는 종목을 매수한 뒤 매도할 때까지의 보유 기간에 따라 다양한 포지션으로 나누어지는데 크게 장기 투자, 스윙 투자, 단타 매매로 나눌 수 있습니다.

1년 이상 보유하는 장기 투자

장기 투자는 최소 1년 이상 보유하는 투자 방식입니다. 대부분은 기본적 분석법으로 접근하여 내재적 가치가 저평가되어 있는 종목을 발견하고 최저점에서 매수한 뒤 주가와의 괴리를 줄여가며 주가가 상승할 때까지 기다리는 투자 방법입니다. 차트를 분석하여 투자하는 기술적 분석에서는 많이 쓰이지 않습니다.

여기서 확실히 해두어야 하는 것은 종목을 매수한 뒤 고점에 물려 비자발적으로 몇 년간 원금이 회복될 때까지 보유하는 매매는 장기 투자라고 하기 어렵습니다. 장기 투자는 반드시 내가 매수하고자 하는 가격대와 추가적인 매수 타이밍 및 손절매 가격, 목표수익률을 정하여 계획적으로 접근하는 것이 가장 바람직한 모습이라고 할 수 있습니다.

장기 투자 하면 빼놓을 수 없는 종목이 삼성전자입니다. 코로나-19 하락을 겪은 뒤 급반등한 삼성전자의 주가는 쉴 새 없이 오르며 제품뿐만 아니라 주식 투자 수익률 부분에서도 온 국민의 신뢰와 사랑을 받는 기업으로 자리매김합니다. 그러나 주가 10만 원이 언제라도 달성될 듯 단숨에 상승했던 삼성전자는 불과 3,200원을 남기고 하락해 3년째 가격을 회복하지 못하고 있습니다.

만약 지금부터 삼성전자에 장기 투자한다면 분명 10만 원이라는 주가를 돌파하는 결과를 볼 수 있을 것입니다. 하지만 그때까지 시간이 얼마나 걸릴지는 그 누구도 장담할 수 없습니다.

[1-6] 삼성전자(005930) 월봉 차트

이틀부터 몇 달까지, 스윙 투자

흔히 스윙 투자라고 불리는 단기 매매법은 종목을 매수해서 짧게는 이틀, 길게는 몇 달까지 보유하며 목표한 목표가에서 매도하는 매매법을 말합니다. 스윙 투자라는 이름에 맞게 주가는 오름과 내림을 반복하는 파동을 그리는 흐름을 보이므로 마치 그네와 같다고 하여 스윙 투자라는 이름이 붙었습니다.

스윙 투자는 장기 투자와 달리 보유하는 기간을 최대한 짧게 가져가 단기간에 목표가를 달성하기 위한 매매법입니다. 차트 분석을 통해 급등 패턴이 나오기를 예측하는 방법을 이용하거나, 기본적 분석법인 테마나 이슈를 이용한 급등주 매매법을 통해 접근하는 것입니다.

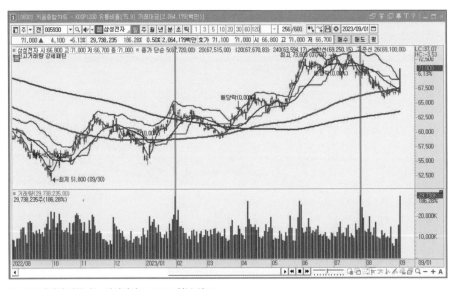

[1-7] 그네처럼 파동하는 삼성전자(005930) 일봉 차트

스윙 투자의 특징은 주가의 흐름에 따라 분할 매수와 분할 매도를 미리 계획하고 접근하는 시나리오 매매법을 사용한다는 것입니다. 목표가를 달성하기 전에 매수가를 이탈하여 하락한다면 추가 매수를 이용해 평단가를 낮추고 빠르게 원금을 회복한다든지, 하락이 길어지면 보유물량을 일부 덜어내거나 전량 손절매를 하는 등의 명확한 계획을 통해 매매를 진행합니다.

스윙 투자는 또한 종목의 성장성과는 관계없이 단순히 시세차익이 가장 중요한 매매법으로, 데이 트레이딩(당일 매매)과 같은 성격을 지니고 있습니다. 앞으로 이 책에서 스윙 투자에 대한 상승 패턴을 심도 있게 다룰 예정입니다.

매수와 매도를 하루에! 단타 매매

단타 매매는 하루 안에 매수와 매도가 이루어지는 것을 말합니다. 당일 매수한 종목을 당일에 매도하는 방법으로, 차트를 분석하고 호가창과 체결창을 분석하는 방법을 주로 이용합니다. 매수한 가격 이상에서만 매도하면 되기 때문에 시세차익을 노리는 데 집중합니다.

단타 매매는 크게 스캘핑, 돌파 매매, 눌림목 매매로 나누어집니다.

스캘핑은 초단타 매매로 매수 직후 1초에서 수분 이내에 매도하는 전략입니다. 스캘핑은 차트의 파동보다는 체결되는 속도와 호가창의 움직임을 노려서 매매하며, 세금과 수수료를 제외하고 1% 전후의 수익을 노리는 반복적인 매매 방법입니다.

돌파 매매는 캔들의 파동을 이용하여 과거에 세워진 고점 저항점을 돌파하는 순간을 노려 매매하는 방법입니다. 돌파 매매의 특징은 고점 돌파 시 강하게 들어오는 거래량을 포착하여 1~3% 이내의 수익을 노리며, 스캘핑과 마찬가지로 몇 분 사이의 흐름에서 매도하는 것이 일반적인 매매법입니다. 돌파 매매 시 주가가 매수하자마자 엄청난 속도로 상승하게 된다면 더 큰 수익을 노릴 수도 있는 거래 방법입니다.

　마지막으로 눌림목 매매는 하루 안에 고점을 돌파한 상승 파동 이후 하락 파동의 끝점인 눌림 지점을 공략해 매수하여 목표가에서 매도하는 방법으로, 캔들의 특정 눌림 횡보 지점을 노려 매수한 뒤 다음 상승 파동에서 매도하는 방법을 사용합니다. 눌림목 매매 시 보유시간은 몇 분에서 길게는 하루 종일 보유하기도 합니다.

　유튜브나 인터넷에서 보면 단타 고수들은 수천~수억 원의 시드로 단타 매매를 하며 하루에 수백에서 수천만 원 이상의 수익금을 달성하기도 합니다. 때문에 그런 모습을 보면서 한 번쯤 수억 원의 단타 전업투자자를 꿈꾸기도 합니다. 하지만 단타 매매는 순간적으로 수익과 손실을 오가는 흐름 속에서 즉각적인 대응을 해야 하는 매우 어려운 매매법입니다. 때문에 주식 투자를 시작한 지 얼마 되지 않은 투자자나 주식시장이 열리는 시간에 온전히 매매에 임할 수 없는 직장인이라면 쉽게 도전해서는 안 됩니다.

　이후 챕터에서도 다루겠지만 단타 매매는 웬만한 경험과 기술로는 정착하기 매우 힘든 매매법입니다. 기법과 함께 매매 마인드셋에 의해 손실과 수익이 갈리는 매매 방식이기에 먼저 스윙 투자를 통해 일정 수준 이상의 매매 수익이 나지 않는 이상 절대로 접근해서는 안 되는 굉장히 위험한 주식 투자 포지션입니다.

기술적 분석의 꽃은
차트

차트를 보면 미래가 보인다

미래를 보여주는 차트 속 데이터

다음의 2-1은 삼성전자의 6개월간 주가 흐름을 나타낸 캔들 차트입니다. 이 차트를 보면서 앞으로 삼성전자의 흐름을 예측할 수 있을까요?

사실 차트에 익숙하지 않은 분들에게는 예측은 고사하고 빨간색과 파란색 막대들과 수많은 색의 선들이 지나가는 이상한 그림을 보는 것처럼 막막함을 느낄 겁니다. 차트가 익숙하지 않다면 이제부터 반드시 익숙하게 만드는 과정을 거쳐야 합니다.

본격적으로 기술적 분석을 공부하기 전에 주식 차트를 하나씩 뜯어보면서 필요 없는 부분과 반드시 필요한 부분들을 구분해보도록 하겠습니다.

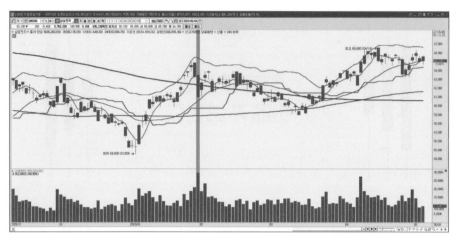

[2-1] 삼성전자(005930) 일봉 차트

　　역시계곡선 차트, Flow 차트 등 다양한 종류의 차트가 있지만 이
책에서는 그중에서 가장 익숙하고, 많은 곳에서 통용되고 있는 캔
들 차트(봉 차트)를 가지고 설명하겠습니다.

　　먼저 기술적 분석의 3대 요소인 캔들, 거래량, 보조지표입니다.
이 3대 요소가 바로 차트를 구성하는 핵심 데이터이며, 미래를 예
측할 수 있게 하는 데이터라고 할 수 있습니다. 다음 장부터 하나씩
설명하겠습니다.

06

차트의 3요소 ①
캔들

세력에 따른 주가 변화를 그리는 캔들

차트의 3요소 중 첫 번째는 캔들입니다. 대부분 우리가 보는 차트는 캔들 차트로 한국어로는 봉 차트라고 합니다. 영어 단어인 캔들의 뜻은 촛대인데, 차트 안에서 가격이 형성되면서 생기는 모양이 촛대 같다고 해서 캔들이라고 부릅니다.

캔들은 가격에 따라 여러 가지 형태를 띠게 됩니다. 캔들을 파악하기 위해서는 캔들이 어떤 개념을 가지고 있는지부터 알아봐야 합니다.

캔들은 시가, 종가, 고가, 저가 이렇게 네 가지 개념으로 이루어집니다. 시가는 당일 주가가 시작된 가격을 뜻하고, 종가는 당일 주가가 마감된 가격을 뜻합니다. 그리고 고가는 당일 중 최고 가격을 뜻하고, 저가는 당일 중 최저 가격을 뜻합니다.

캔들의 구성

- 시가: 당일 주가가 시작된 가격

- 종가: 당일 주가가 마감된 가격

- 고가: 당일 중 최고 가격

- 저가: 당일 중 최저 가격

1. 양봉

　당일 주식장이 시작될 때의 가격이 정해지면 캔들 차트에서 시가는 가로선과 같은 하나의 선을 만들며 캔들을 만들기 시작합니다. 가격이 고가를 갱신하면 직선이었던 캔들은 시가에서부터 위쪽으로 꽉 찬 직사각형을 만들게 됩니다. 이때 시가보다 가격이 높아진 상태이기 때문에 직사각형의 색은 빨간색을 띠게 되며 이를 양봉이라 부릅니다. 매도세력보다 매수세력이 센 경우에 양봉이 나타납니다.

　시가에서부터 고가를 계속 갱신하게 되면 위쪽으로 길게 올라간 장대양봉이 되며(②), 고가 갱신을 멈추고 시가를 향해 가격이 내려

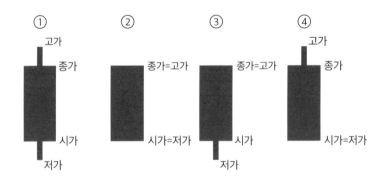

오기 시작하면 양봉은 하나의 선으로 형태를 바꾸며 시가를 향해 내려오게 됩니다(④). 이때 고점에서부터 현재가까지 연결된 선을 윗꼬리라고 부릅니다.

양봉 그림 설명

① 양봉: 장중 시가보다 더 낮은 가격으로 떨어졌지만 시가를 갱신하고 고가를 만든 뒤 종가상 고가보다 하락하여 마무리한 모습

② 양봉: 시가에서부터 한 번도 하락하지 않고 꾸준히 상승하여 종가상 최고가를 찍으며 마무리한 모습

③ 양봉: 장중 시가보다 하락하기는 했으나 시가를 갱신하고 상승하여 종가상 최고가를 찍으며 마무리한 모습

④ 양봉: 시가에서부터 한 번도 하락하지 않고 꾸준히 상승하였지만 종가상 고가보다 하락하여 마무리한 모습

---

2. 음봉

이번엔 반대의 경우를 생각해봅시다. 당일 주식장이 시작될 때의 가로선 캔들(시가)이 만들어지고 가격이 저가를 갱신하면 직선이었던 캔들은 시가에서부터 아래쪽으로 꽉 찬 직사각형 형태를 만들게 됩니다. 이때 시가보다 가격이 낮아진 상태이기 때문에 직사각형의 색은 파란색을 띠며 이를 음봉이라고 부릅니다. 양봉과는 반대로 매도세력이 매수세력보다 강할 때 음봉이 나타납니다.

저가를 계속해서 갱신하게 되면 아래쪽으로 길게 내려간 장대음봉 모양이 되며(②), 저가 갱신을 멈추고 시가를 향해 가격이 오르기

시작하면 음봉은 하나의 선으로 형태를 바꾸며 시가를 향해 올라오게 됩니다(③). 이때 저점에서부터 현재가까지 연결된 선을 아래꼬리라고 부릅니다.

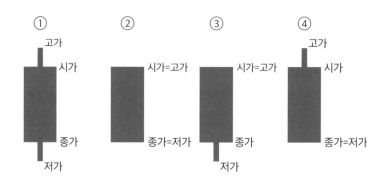

> **음봉 그림 설명**
>
> ① 음봉: 장중 시가에서 상승하여 고점을 만들었지만 시가를 이탈하고 저가를 만든 뒤 종가상 저가보다 상승하여 마무리한 모습
>
> ② 음봉: 시가에서부터 한 번도 상승하지 않고 꾸준히 하락하여 종가상 최저가를 찍으며 마무리한 모습
>
> ③ 음봉: 시가에서부터 한 번도 상승하지 않고 꾸준히 하락하여 저가를 만든 뒤 종가상 저가보다 상승하여 마무리한 모습
>
> ④ 음봉: 장중에 시가에서 상승하여 고점을 만들었지만 시가를 이탈하고 하락하여 종가상 최저가를 찍으며 마무리한 모습

이렇게 캔들은 시가, 고가, 저가, 종가의 움직임에 따라 총 8가지의 형태로 구분할 수 있습니다.

차트의 3요소 ②
거래량

거래량은 매도와 매수를 모두 더한 데이터

홈트레이딩 시스템(이하 HTS)에서 가격 캔들은 기본적으로 차트에서 가장 큰 화면을 차지하고 있습니다. 거래량 캔들은 보통 가격 캔들 아래쪽에 있지만 HTS 설정을 통해 가격 캔들의 위쪽으로도 이동할 수 있습니다.

거래량 캔들은 가격 캔들과 다르게 누적으로 표기됩니다. 그래서 하루 중 누군가 100주를 사고 또 누군가 100주를 팔았다면 이두 가지의 거래가 200주만큼의 큰 몸통으로 바닥에서부터 위로 올라가는 누적된 모습으로 표현됩니다. 이렇게 누적된 거래량 캔들의 크기로 오늘 하루에 거래량이 '많았구나, 적었구나'를 판단할 수 있습니다.

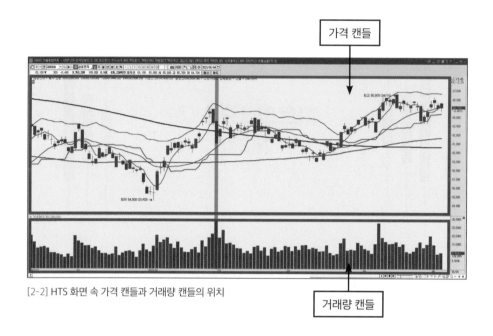

가격 캔들

거래량 캔들

[2-2] HTS 화면 속 가격 캔들과 거래량 캔들의 위치

거래량 캔들 색의 의미

거래량 캔들은 매수와 매도를 구분하지 않고 누적으로 쌓인 데이터로 표현하기 때문에 기본적으로 거래량의 상승과 하락을 의미하지 않습니다. 따라서 거래량 캔들 분석을 위하여 색으로 구분해 매매 판단을 내릴 수 있도록 의미를 부여해주어야 합니다. 바로 가격 캔들이 형성된 날의 색과 같게 설정해주는 것입니다. 가격 캔들이 양봉인 날은 매수세력이 매도세력보다 강했기 때문에 거래량 캔들도 빨간색 양봉으로 표현하며, 돈의 유입이라고 판단합니다. 가격 캔들이 음봉인 날은 매도세력이 매수세력보다 강했기 때문에 거래량 캔들도 파란색 음봉으로 표현하며, 돈의 유출이라고 판단합니다. 이처럼 거래량 캔들의 색으로 돈의 흐름을 볼 수 있으며, 그 누적 데이터가 클수록 유의미한 데이터로 활용할 수 있습니다.

주가를 예측하는 거래량

거래량은 제가 차트의 3요소 중에 가장 중요하게 생각하는 지표입니다. 그 이유는 거래량이 바로 '돈'이기 때문입니다.

거래량 캔들은 가격 캔들에 앞서서 생긴다고 표현합니다. 물론 기술적으로 본다면 거래량 캔들과 가격 캔들은 동시에 생기는 게 맞습니다. 하지만 그 의미를 조금 깊게 들여다본다면 투자할 의사를 가진 투자자가 실제로 자금을 투입해야만 가격이 형성되는데, 그 투자 의사를 가진 거래량의 규모에 따라 현재 이 기업의 주가 가치를 판단해볼 수 있기 때문입니다.

만약 가격 캔들이 올라가면서 거래량 캔들도 같이 올라간다면 높은 가격에 매수하더라도 이 기업의 주식을 한 주라도 더 사고 싶을 정도로 매력적이라는 뜻입니다. 그리고 가격 캔들이 내려가는데 거래량 캔들은 올라간다면 이 기업의 주식 가치가 떨어지고 있으므로 최대한 빨리 팔기 위해 싼 가격에라도 매도하려는 뜻이 담겨 있다고 볼 수 있습니다.

대량 거래량은 매수세와 매도세의 치열한 싸움입니다. 때문에 그 싸움에서 누가 승리하느냐에 따라 가격 캔들이 결정됩니다. 가격 캔들을 상승시킨 매수세력의 승리는 그만큼 치열하게 매도한 매도세력의 물량까지도 다 받아주며 가격을 상승시켰기 때문에 가까운 미래에 주가를 상승시킬 가능성이 매우 커집니다.

따라서 가격 캔들의 등락률만 가지고 주가 흐름을 분석하기보다는 거래량의 규모, 즉 대량 거래량을 동반한 등락률을 가진 종목에 더 큰 비중을 두고 분석해야 합니다.

08

차트의 3요소 ③
보조지표

투자의 방향성을 알려주는 보조지표

수많은 다양성을 지닌 요소인 보조지표는 아마 기술적 분석을 공부하는 모든 투자자가 고민하는 요소일 겁니다. 그 이유는 이미 공개된 유명한 보조지표만 하더라도 수십 개가 넘습니다. 심지어 나에게 맞는 보조지표를 개발해 쓸 수 있기 때문에 똑같은 보조지표임에도 사람마다 쓰는 방법이 다르고 해석이 달라서 답이 정해져 있지 않은 영역으로 분류되기 때문입니다. 따라서 보조지표에 대한 경험이 없고 배경 지식이 없다면 절대로 다른 사람이 사용하는 보조지표를 그대로 사용하면 안 됩니다.

정확히는 주식 고수가 쓰는 확률 높은 보조지표라고 할지라도 그 사람의 경험과 사용하는 위치, 시황 등 고려할 것이 아주 많습니다. 때문에 단순히 고수의 보조지표라고 해서 그대로 자신의 투자에 사용한다면 큰 위험에 처할 수 있습니다. 보조지표가 만들어진 이유와 쓰임새를 충분히 공부하고 실제 투자에 적용하여 검증해보면서 천천히 나의 것으로 만들어가는 과정이 필요합니다. 그러지 않고 바로 내 투자금을 투여하기에는 리스크가 굉장히 크다는 점을 반드시 인지해야 합니다.

차트 3요소 중 보조지표는 유일하게 후행성 지표입니다. 거래량이 발생하고 가격 캔들에 의해 가격이 결정되면 그 데이터를 토대로 대부분의 보조지표가 만들어집니다. 따라서 보조지표는 투자의 방향을 정하는 데 참고하는 용도로만 사용하기를 추천합니다.

이제부터는 제가 매매에 자주 사용하는 아주 기본적이면서도 강력한 보조지표 다섯 가지를 소개하겠습니다.

1. 이동평균선

이동평균선은 기간별 주가를 산출하여 선으로 이어 그린 선 그래프를 말합니다. 예를 들어, 5일 이동평균선은 5일 동안의 종가를 모두 더해 기간 값인 5로 나누어 나온 가격에 날짜별로 점을 찍어 이어 만든 선을 의미합니다. 기술적 분석 투자자는 주로 5일선, 20일선, 120일선, 240일선 등으로 나타나는 1주, 1개월, 6개월, 1년의 이동평균선을 의미 있게 관찰하고 매매에 활용합니다. 또한 이동평균선을 단기(5일선, 20일선)와 장기(120일선, 240일선)로 나누어 단기 이동평균선이 장기 이동평균선을 상향 돌파하는 교차점을 골든크로스, 단기 이동평균선이 장기 이동평균선을 하향 돌파하는 교차점을

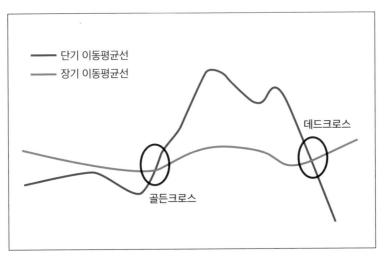

단기 이동평균선
장기 이동평균선

데드크로스

골든크로스

단기 이동평균선과 장기 이동평균선의 교차점 골든크로스/데드크로스

데드크로스로 칭하여 매매 타점으로 사용합니다.

하지만 얼마의 기간을 단기와 장기의 구분점으로 볼 것이며, 수많은 단기/장기 이동평균선 중 어떤 이동평균선을 선택해 골든/데드크로스로 활용할 것인지에 대한 문제는 수많은 경우의 수가 존재한다는 단점이 있습니다. 이동평균선을 이용하여 명확한 매매 타점을 잡기보다는 지금까지의 주가 흐름을 이동평균선과 함께 분석하여 미래의 주가 방향을 예측하는 쪽으로 활용하는 것이 좋습니다.

이 책에서 주로 다루게 될 이동평균선인 240일선(1년 종가 평균값)은 저의 매매법에서 가장 핵심적인 역할을 담당하고 있습니다. 앞으로 240일선을 통해 종목의 흥망성쇠를 판단할 수 있는 관점을 다룰 예정입니다.

2. 일목균형표

일목균형표는 일본의 투자자인 일목산인이 만든 보조지표입니다. 특정 수열을 기반으로 모든 주가가 움직인다는 이론을 바탕으로 만들어낸 보조지표입니다.

일목균형표의 요소에는 전환선, 기준선, 후행스팬, 선행스팬 1, 선행스팬 2, 구름대(양운, 음운) 등이 있습니다. 여기서는 이 책에서 주로 쓰일 일목균형표의 기준선만 짚고 넘어가고, 나머지 요소들은 검색식 설명에서 이어하도록 하겠습니다.

일목균형표의 기준선은 최근 26일간의 최고점과 최저점의 중간값을 연결하여 만든 선으로 26일(약 한 달) 동안의 시세 변곡점을 알

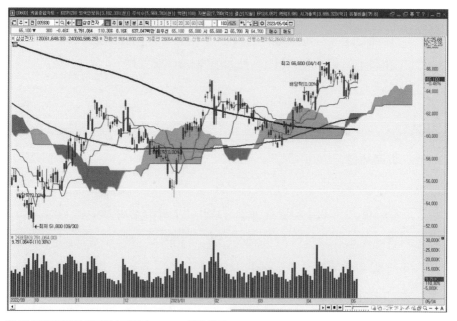

[2-3] 일목균형표가 적용된 삼성전자(005930) 캔들 차트

려주는 일목균형표의 가장 핵심적인 추세선입니다. 20일 이동평균선과도 자주 비교되는 이 기준선은 20일 동안의 값을 모두 사용하여 평균을 내는 이동평균선과는 달리 26일 기간 동안 최고점과 최저점 딱 두 개의 가격을 평균 내어 사용하는 지표입니다. 한 달이라는 단기간 동안 급등한 종목들의 눌림목으로 상승분의 절반을 내려온 뒤 다시 한번 반등하는 단기 스윙 투자의 눌림목 매수 타점으로 볼 수 있습니다. 때문에 저의 매매법에서는 매수 타점으로 적극적으로 활용하고 있습니다.

Tip

일목균형표를 좀 더 공부하고 싶다면?

만약 일목균형표에 대해 더 깊이 공부하고 싶다면 제 유튜브 채널인 '책전주식(@readinginvestor)'에 올려놓은 '일목균형표 끝판왕 이론편 feat.시골의사 박경철의 다시 쓰는 기술적 분석'을 참고하시기 바랍니다.

3. 추세선

추세선은 비교적 간단한 보조지표입니다. 추세선의 종류는 다양하지만 우리가 알아야 할 추세선은 딱 세 가지로 상승 추세선, 하락 추세선, 횡보 추세선(박스 추세선)입니다. 주가는 파동을 그리며 상승하거나 하락합니다. 이때 만들어지는 고점들과 저점들을 활용한 보조지표가 바로 추세선입니다.

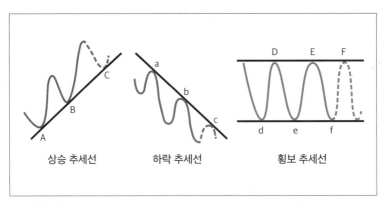

추세선의 종류

상승 추세선은 주가가 상승 추세를 그리며 캔들이 상승할 때 저가와 저가를 이은 선입니다. 캔들이 이 선을 이탈하여 하락하는 자리를 상승 추세를 이탈하는 매도 시점으로 봅니다.

하락 추세선은 반대로 주가가 하락 추세를 그리며 캔들이 하락할 때 고가와 고가를 이은 선입니다. 캔들이 이 선을 돌파하여 상승 추세로 돌려줄 때를 매수 타점으로 봅니다.

다음 2-4의 사례를 보면 2022년 10월 하락 추세선을 돌파한 코스피지수는 2023년 1월에 다시 하락했지만 하락 추세선을 지지하며 반등하는 모습을 볼 수 있습니다. 이때부터 코스피지수는 상승 추세선을 이탈하지 않고 꾸준하게 상승하고 있습니다. 따라서 상승 추세선과 하락 추세선은 간단하지만 주가의 변곡점을 정확하게 잡아낼 수 있는 강력한 보조지표로 사용되고 있습니다.

횡보 추세선은 앞서 배운 대량 거래량과 함께 횡보 추세선(박스권)의 고점을 강하게 돌파하는 흐름을 보여줄 때 강력한 상승 신호를 보내는 것으로 보고 매수 타점으로 활용할 수 있습니다(2-5).

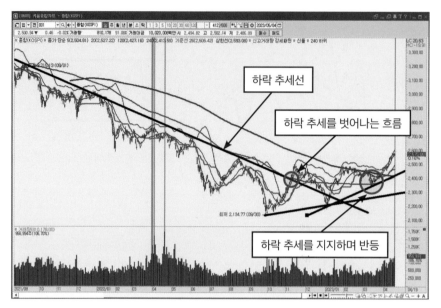

[2-4] 하락 추세선을 활용한 코스피지수(001) 차트 분석

[2-5] 횡보 추세선을 활용한 클래시스(214150) 차트 분석

4. 사등분선

네 번째로 살펴볼 보조지표는 사등분선입니다. 사등분선은 특정 기간을 대상으로 고점과 저점 사이 공간을 4개로 나누는 수평 추세선 5개를 활용한 보조지표입니다.

삼성전자 캔들 차트(2-6)를 보면서 설명해드리겠습니다. 2020년 3월 큰 폭으로 하락했던 시점을 사등분선의 저점으로 보고 2021년 1월 최고점을 기록했던 시점을 사등분선의 고점으로 설정한 뒤 그 사이 공간을 네 등분하여 나타낸 차트입니다. 우리는 사등분선의 이 5가지 선을 편의상 '머리, 어깨, 허리, 무릎, 바닥'이라고 칭하겠습니다.

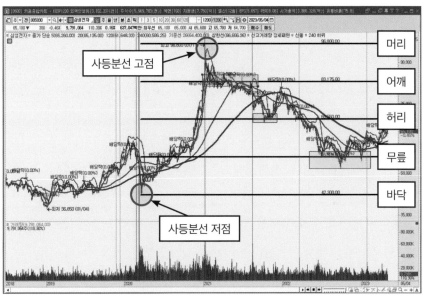

[2-6] 사등분선이 적용된 삼성전자(005930) 캔들 차트. 허리선과 무릎선에서 각각 지지를 받고 반등하는 모습

고점을 기록하고 하락하는 삼성전자는 어깨선에서 한 번 지지를 받았지만 반등해주지 못하고 하락했습니다. 이때 상승하던 240일 이동평균선을 만났지만 이곳에서도 지지하지 못하고 하락합니다. 이때 만난 지지선이 허리선입니다. 고점과 저점의 평균값인 허리선에서 반등한 주가는 240일선을 다시 한번 넘어서지 못하고 하락하게 됩니다. 허리선까지 이탈한 주가는 2022년 중반 무렵부터 무릎선을 세 번이나 지지하며 더 이상의 저점을 갱신하지 않습니다. 이때 우리는 사등분선의 무릎선이 삼성전자의 지지선이고, 반등이 나올 수 있는 지점으로 보고 매수를 진행할 수 있습니다.

이처럼 사등분선은 아주 간단한 원리로 주가를 네 등분하여 나타낸 선을 활용해서 분석하지만, 특정 패턴을 발견하여 그 기간값에 사등분선을 대입한다면 저점 매수점을 잡아내는 아주 유용한 매매법으로도 활용할 수 있습니다.

5. 볼린저밴드

볼린저밴드는 이동평균선과 더불어 굉장히 많이 사용되고 있는 투자지표입니다. 볼린저밴드는 1983년도에 존 볼린저(John A, Bollinger)라는 미국의 저술가이자 재무 분석가에 의해 처음으로 소개된 기술적 분석 도구입니다. 볼린저밴드는 주가 변동이 표준 정규분포에 의해서 이동한다는 이론을 가지고 만든 지표입니다.

총 3개의 지표가 있는데 상단선, 중앙선, 하단선으로 이루어져 있습니다. 기본적인 볼린저밴드는 중앙선을 20일 이동평균선, 표준

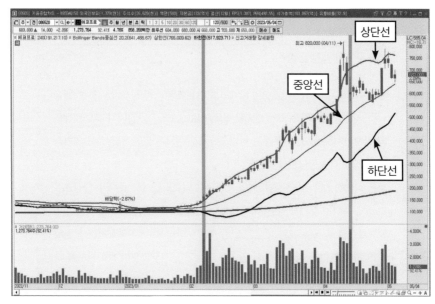

[2-7] 에코프로(086520) 볼린저밴드

편차를 2로 설정합니다. 이 기본적인 설정을 기점으로 주가가 상단
선을 돌파할 확률을 2.5%로 보고 주가가 하단선을 이탈할 확률을
2.5%로 보며, 나머지 95%의 확률로 상단선과 하단선 사이에 주가
가 머무를 것이라고 분석했습니다. 이 때문에 볼린저밴드를 이용한
매매법에서 볼린저밴드 상단선을 돌파하거나 하단선을 회복하여
올라오는 캔들을 매수 타점으로 활용하는 투자자들도 많습니다.

Tip

엔벨로프란?

엔벨로프는 주가 이동평균선의 이격도를 이용한 박스권 지표라고 할 수 있습니다. 사실 엔벨로프는 크게 설명할 필요가 없는 보조지표입니다. 볼린저밴드와 마찬가지로 상단선, 중심선, 하단선으로 구성되어 있고, 중심선은 일반적으로 20일 이동평균선을 이용합니다.

보통 하락하는 주가가 엔벨로프의 하단선을 터치하는 순간을 매수 타점으로 보고, 상승하는 주가가 상단선을 터치하는 순간을 매도 타점으로 활용합니다. 엔벨로프를 활용한 패턴 매매법과 검색식은 아쉽게도 이 책에서는 설명하지 않지만 네이버 카페에 영상 강의로 만들어 올려두었으니 참고하시기 바랍니다.

차트에 숨어 있는 사람들의 심리

매수세가 만드는 지지와 매도세에 의한 저항

저는 추세선을 가지고 매매하는 것을 굉장히 즐겨합니다. 특히 횡보 추세선에서 나타나는 저점과 고점들, 다시 말해 지지와 저항점을 가지고 오랜 시간 차트를 분석하고 다양한 매매 패턴을 찾아 냈습니다. 제 매매법의 90% 이상이 지지와 저항 관계로 이루어진다고 할 수 있을 정도로 아주 중요하게 생각하고 있습니다.

지금까지 배웠던 캔들과 거래량 그리고 보조지표들이 어떻게 하나의 차트에 표현되고, 이를 통해 어떻게 매수와 매도로 접근할 수 있는지 지지와 저항 개념으로 완벽하게 정리해보도록 하겠습니다.

요약하자면 캔들과 보조지표가 만들어지는 근본적인 이유에는 바로 거래량이 있고, 그 거래량은 곧 사람들의 심리가 만들어낸다는 것입니다. 주식시장에서는 테마, 이슈 등의 사유로 군중심리가 만들어집니다. 이것이 대량 거래량으로 이어지면서 가격 캔들이 상승 또는 하락하고 이에 따라 보조지표가 만들어집니다. 따라서 사람들의 심리를 이해하는 것이 바로 모든 차트 분석의 시작점이라고 할 수 있습니다.

　주가는 항상 직선으로 상승하지도, 직선으로 하락하지도 않습니다. 무조건 파동을 그리며 상승하거나 하락하게 되어 있습니다. 이것을 잘 설명해주는 이론이 바로 엘리어트 상승 5파동(1~5)과 하락 3파동(a~c)입니다. 엘리어트 파동 이론은 모든 상승에는 5파동이 발생하며, 하락에는 3파동이 발생한다는 이론입니다.

　이렇듯 주가는 상승과 하락의 방향과는 상관없이 하루하루 고점과 저점을 만들며 유기적으로 움직이는데, 이를 데이터화한 것이 가격 캔들입니다. 파동 속에 만들어진 최저점과 최고점을 지지와 저항이라고 합니다. 최저점에서 매수세가 유입되어 그 최저점이 이

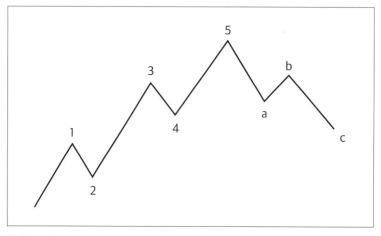

엘리어트 파동 이론

탈되지 않고 반등해주는 지점을 지지점, 최고점에서 매도세가 유입되어 최고점을 갱신하지 못하게 만드는 지점을 저항점이라고 합니다. 여기까지가 많이 알려져 있는 지지와 저항의 개념입니다.

하지만 왜 전고점에서 매도세가 유입되어 돌파에 대한 저항이 형성되는지, 왜 전저점에서 매수세가 유입되어 가격 지지가 형성되는지에 대해 투자자들의 심리가 숨겨져 있다는 사실을 이해하는 사람은 많지 않습니다.

사람의 뇌는 손실에서 느끼는 상실감이 이득에서 얻어지는 행복감보다 2배 이상 크다고 하는데, 그 이유는 바로 '손실 회피 편향' 때문입니다. 한 종목의 고점과 저점은 이러한 손실 회피 편향이 집약된 곳입니다. 고점에 매수한 투자자들은 주가가 하락하면 손실 회피 편향을 발동시켜 손실 확정을 유보시킨 뒤 본전 부근에서 매도(매도세 증가)하려고 합니다. 반대로 저점에서 매수한 투자자들은 상승했던 주가가 매수가 근처로 하락할 때 수익이 손실로 전환되지 않도록 추가 매수를 감행(매수세 증가)합니다. 이렇게 특정 지점에서 매수와 매도가 증가하는 차트 속 숨겨진 심리를 알고 있는 투자자라면 전고점과 지지점이 형성되어 있는 위치와 대량 거래량 유무에

Tip

엘리어트 파동을 좀 더 공부하고 싶다면?

엘리어트 파동에 대해 더 깊이 공부하려면 제 유튜브 채널인 '책전주식(@readinginvestor)'에 올려놓은 '엘리어트 파동 끝판왕 이론편 feat.시골의사 박경철의 다시 쓰는 기술적 분석'을 참고하시기 바랍니다.

따라 매수 시점과 매도 시점을 계획할 수 있게 되는 것입니다. 주변에서 '어떤 종목이 좋다'라는 말을 듣는다면 매수할 생각보다는 당장 차트를 살펴봐야 하는 이유도 여기에 있습니다.

심리가 궁금하다면 거래량을 보라

우선 심리를 알아보기 위해 살펴볼 것이 있는데 바로 거래량입니다. 거래량은 사람들이 매수하고 매도한 누적 데이터를 캔들로 나타낸 지표입니다. 거래량 캔들에는 수많은 사람의 자금과 심리가 담겨 있습니다. 거래량이 늘면서 가격 캔들이 양봉으로 상승했다면, 팔았던 사람보다 산 사람들이 더 비싼 가격으로 주식을 사 모았다는 이야기가 됩니다.

어떤 날에는 평소 거래량 캔들보다 훨씬 큰 모습을 발견할 수 있을 거예요. 이것은 기존에 매수해서 가지고 있던 모든 사람의 물량도 비싸게 팔아서 수익을 냈다는 뜻입니다.

한 종목의 거래량이 100만 주가 터진 두 날짜를 비교했을 때 한쪽은 30% 상승한 상한가에 마감하고, 한쪽은 1% 상승에 그쳤다고 가정해봅시다. 30% 상한가를 기록한 날에는 기존에 주식을 100원에 사서 보유하고 있는 사람들이 호가상 높은 가격인 110원이나 120원에 매도 주문을 걸어두었고, 매수자가 이 모든 물량을 사주었다는 뜻입니다. 이렇게 30%까지 높은 가격에 내놓은 매도 물량도 누군가 계속해서 매수했기 때문에 매수세력이 매도세력을 압도하는 대량 거래량이 발생했으며, 이로 인해 가까운 미래에 추가적으로 가격이 상승할 가능성이 커집니다.

반면, 1% 상승인 날에는 기존에 주식을 100원에 사서 보유하고
있는 사람들이 호가상 높은 가격인 110원이나 120원에 매도 주문
을 걸어두었지만 그 누구도 비싸게 사고 싶은 사람이 없습니다. 오
히려 100원이나 95원에 걸어두었던 매수 주문에 보유자가 매도하
며 가격을 내렸을 것이고, 하루 종일 100원 부근에서 맴돌다가 종
가상 1%가량 상승한 채 마무리된 것입니다. 이런 날의 대량 거래는
매수세력과 매도세력이 팽팽하게 대립하는 것으로, 유입된 돈과 유
출한 돈이 비슷하기 때문에 큰 의미를 부여할 수 없는 거래량이 되
는 것입니다. 그래서 거래량 캔들을 보면 대부분 고점을 형성한 곳
의 거래량 캔들이 기존의 평균적인 거래량 캔들보다 훨씬 큰 경우
를 발견할 수 있을 거예요.

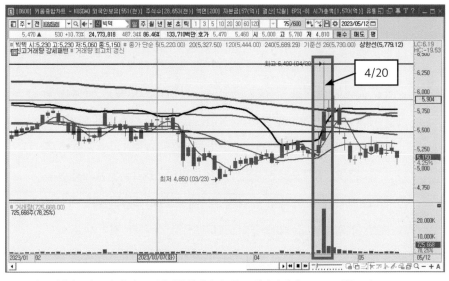

[2-8] 평소 거래량보다 수십 배 더 큰 거래량을 발생시킨 4월 20일자의 빅텍(065450) 캔들 모습

그런데 이 큰 거래량 캔들은 과연 누가 만드는 걸까요? 슈퍼개미인 나일까요? 외국인일까요? 기관일까요? 혹시 헤지펀드? 아무도 모릅니다. 하지만 중요한 사실은 그게 누구이건 간에 엄청나게 많은 자금이 유입됐다는 뜻입니다. 이 엄청난 자금을 투자한 특정 부류의 사람들을 우리는 세력이라고 부릅니다.

이 종목이 무슨 사유인지는 모르겠으나(반드시 이슈를 동반하는 종목이 있는 반면, 알 수 없는 이유로 상승하는 종목도 있습니다), 중요한 것은 어떤 세력이 막대한 돈을 들여서 기존에 싼 가격에 매수했던 모든 사람의 시세차익 물량도 소화해가며 가격을 끌어올리면서까지 매수해줬다는 사실입니다. 1억~2억 원을 이야기하는 게 아닙니다. 실제로 2023년 4월 11일 최고가를 기록한 에코프로는 당일 거래대금이 2조 4,000억 원이나 발생했고, 에코프로비엠과 합하면 5조 원이 넘으면서 시장의 자금이 모두 에코프로 쪽으로 쏠리게 만들었습니다(2-9).

이런 엄청난 거래는 개인투자자들이 만들 수 있는 거래량이 아닙니다. 외국인인지 기관인지 어떤 단체인지는 모르겠지만 그들의 자금이 분명하게 흘러들어온 흔적입니다. 그렇기 때문에 우리는 이런 흔적을 유심히 살펴볼 필요가 있습니다. 이들이 이렇게 큰 금액을 투자한 뒤에 주가가 어떻게 흘러가는지를 가까이서 지켜봐야 합니다.

반대로 엄청난 거래가 들어왔지만 한동안 주가가 하방으로 흐른다면 합리적인 생각으로는 어떨까요? 분명히 세력이 들어와서 돈을 쏟아부으면서까지 가격을 끌어올렸는데 주가가 하락한다? 이상하죠. 분명히 엄청난 금액이 들어오면 앞으로 상승할 것이라고 예측하는 것이 당연합니다. 보통의 개미투자자들은 딱 여기까지만 생각하고 투자를 합니다.

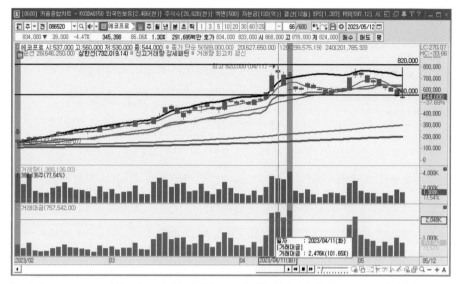

[2-9] 에코프로(086520)가 최고가 82만 원을 달성한 2023년 4월 11일의 거래대금은 2조 4,760억 원이다.

세력이 진입하면 결국 주가가 상승하는 이유

지금부터는 고점에서 매수해서 물린 한 개미투자자의 심리를 들여다보겠습니다. 거래량이 급증하면서 고점을 갱신한 종목에 나도 모르게 매수 버튼을 눌러버린 개미 씨는 매수하자마자 하락하는 주가를 보며 고민에 빠집니다.

'어떻게 된 거지? 내가 생각했던 테마가 이 종목이 아니었나? 거래량이 터지고 고점 세우면 더 크게 올라간다고 했는데 왜 이러지? 만약에 내 생각이 틀렸다면 내 투자금은 어떻게 되는 거지? 조금만 더 버텨볼까? 남들은 상한가 가서 수익을 내고 있는데 나는 여기 잘못 들어와서 계속 손실만 보고 있네….'

그렇게 일주일, 한 달을 버텼지만 아무 준비 없이 매수한 탓에 계속해서 떨어지는 주가에 더 이상 심리가 버텨내지 못합니다. 개미 씨는 그제야 부랴부랴 종목에 대해 알아보기 시작합니다. 재무제표를 분석하고, 사업보고서를 읽어보고, 차트를 분석하기 위해 여기저기 물어봅니다. 종목 토론실에 들어가 좋은 뉴스들만 골라 듣고 부정적인 뉴스들은 걸러내면서 막연히 주가가 다시 올라갈 거라고 기대하며 스스로를 위안합니다. 하지만 시간이 흘러도 종목이 하락 횡보를 지속하자 결국 버티지 못하고 손절매하게 됩니다. 손절매를 하고 나니 속이 좀 후련하지만 얼마 지나지 않아 그 종목이 다시 급등하기 시작합니다. 계속해서 고점을 갱신하더니 결국엔 개미 씨가 샀던 가격보다 더 높게 올라가는 일이 발생합니다.

만일 개미 씨가 손절매하지 않고 버텼다면 어떻게 됐을까요? 개미 씨가 매수했던 고점 부근으로 올라온 주가는 강한 저항으로 돌파하는 듯하다가 다시 빠지고 돌파를 시도했다가 실패하는 등 개미 씨의 심리에 엄청난 스트레스를 주었을 겁니다. 몇 달, 몇 년을 버텼던 개미 씨는 이번에 본전이라도 못 찾으면 다시 몇 년이 걸릴지도 모른다는 공포감에 결국 매수했던 가격에 매도하게 됩니다.

이것이 바로 엄청나게 큰 거래량을 통해서 주가가 고점을 만든 뒤 일정 기간 동안 하락 횡보를 거친 종목이 다시 주가를 상승시켜 전에 만들어놨던 전고점에 다다랐을 때 엄청난 매수세와 매도세가 싸우는 이유입니다. 내가 산 가격에 매도하려는 보유자와 단기 시세차익을 위해 매도하려는 투자자들이 형성하는 매도세와 현재 이 종목이 가지는 특수한 이슈나 테마 때문에 더 상승할 것 같다고 판단한 투자자들이 형성하는 매수세가 치열하게 싸우는 곳이 바로 지지점과 저항점입니다.

주가는 언제 상승할지 모릅니다. 하지만 저항점(전고점)에서 매도하는 물량을 다 받아주고, 더 나아가 고점을 갱신하는 모습을 보였던 종목이 있다면 대량 거래량만큼의 수백, 수천억 원의 투자 자금을 유입시킨 자신들의 투자 수익을 올리기 위해 반드시 주가를 끌어올릴 것입니다.

엄청난 거래량이 터진 종목들은 하락하고 횡보하더라도 그들이 세워놨던 그 고점을 돌파해서 더 높은 고가를 형성시킬 가능성이 굉장히 크다고 말하는 이유가 바로 여기에 있습니다. 그렇기 때문에 차트에 나타나는 지지와 저항 싸움에서 매수세와 매도세 중 누가 이기는 싸움을 하고 있는지와 오늘은 매수세가 졌지만 며칠 후 매수세가 우위를 점하는 날이 올 것이라는 예측을 하며 계속해서

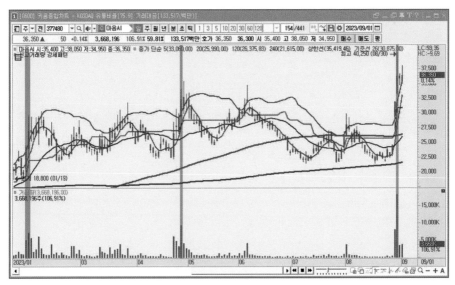

[2-10] 마음AI(377480)는 2023년 1월 고점을 세운 뒤 등락을 반복하다가 5월 이후 큰 폭으로 하락한다. 하지만 결국 8월 말 다시 한번 그 고점을 갱신하며 신고가를 세운다.

이 종목을 추적 관찰하면서 매수 타점을 기다리는 매매를 할 수 있어야 합니다.

이것이 바로 차트에 숨겨진 투자자들의 심리를 알아야 하는 이유이며, 이러한 지지와 저항의 관계를 명확히 판단한 뒤에 보조지표를 사용해야 하는 이유입니다.

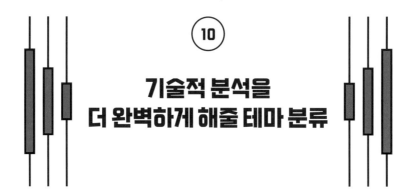

기술적 분석을
더 완벽하게 해줄 테마 분류

테마는 주기적으로 반복된다

    기술적 분석으로 주식 투자를 한다면 정반대의 성격을 가지고 있는 기본적 분석을 전혀 공부하지 않아도 될까요? 그렇지 않습니다. 기술적 분석으로 매매를 시작했다고 해도 반드시 병행해야 할 기본적 분석법이 있습니다. 바로 종목의 테마와 이슈를 정리하는 일입니다.

    흔히 테마주라고 하면 한 가지 사유로 여러 종목이 동시에 급등락하는 특정 종목의 부류를 말합니다. 간단한 예로 2020년 초 코로나-19의 백신을 만들 수 있는 제약, 바이오 관련 종목들과 이런 백신을 저온에서 운반하는 기술을 가진 종목들의 주가가 크게 상승했습니다. 2021년 초에는 러시아-우크라이나 전쟁 발발로 무기를 생산하는 방산 관련 종목들과 수출 규제로 인한 식량 가격 상승을 이유로 사료와 식량 관련 종목이 큰 상승을 했고요. 또한 원유의 생산량과 가격이 변동하면서 함께 반응하는 에너지 관련 종목들이 있고, 2023년 초 한국 시장을 뜨겁게 달구었던 2차전지와 관련된 원료 및 부품을 생산하는 종목들이 큰 폭으로 급등하기도 했습니다.

이처럼 한번 형성된 테마는 단 한 번의 상승으로 멈추는 것이 아니라, 일정한 텀을 두고 반복적으로 종목을 상승시키는 성질을 가지고 있습니다. 그렇기 때문에 재료와 테마에 따라 종목들을 체계적으로 분류하고 정리해놓는다면 같은 테마가 반복적으로 시장을 주도하는 한국 시장에서 발 빠르게 종목을 선정하고, 차트를 통해 매수 타점을 찾아 수익실현을 할 수 있는 무기가 될 수 있습니다.

테마를 분류하는 가장 간단한 방법

종목들의 상승이나 하락의 원인이 되는 재료와 테마는 어떻게 구분하고 정리해야 할까요?

가장 기본적으로는 인터넷 포털 사이트에서 검색을 통해 테마나 종목을 찾을 수 있습니다. 하지만 테마에 대한 지식이 없다면 시간이 많이 걸리는 이 방법은 비효율적일 수 있습니다. 가장 효율적인 방법은 오늘 하루 상승했던 종목 중 상위 30종목을 선별하여 종목들에 해당하는 테마를 매일 공부하는 것입니다. 상승률 30위에 해당하는 종목에는 당일의 시세를 주도했던 종목들이 다수 포함되어 있기도 하고, 같은 테마의 여러 종목이 편입되어 있어 보다 시간을 절약할 수 있습니다.

종목을 테마별로 정리할 때는 테마를 두 가지로 나누어 분류하는 것이 효과적입니다. 바로 대분류와 소분류로 나누는 방법입니다. 테마 대분류에는 이 기업이 현재 속해 있는 사업군으로 분류하고, 소분류의 경우는 오늘 떴던 기사 내용이나 오늘 이 종목이 상승했던 이유 중 핵심 키워드를 뽑아서 분류합니다. 그리고 종목마다 당일의 상승률과 상승 이유를 함께 적어 표 형식으로 정리합니다.

테마의 대분류는 크게 변하지 않지만, 소분류는 이슈나 기사의 내용에 따라 자주 바뀌기 때문에 한 종목에 다양한 테마군이 형성될 수 있습니다.

테마 분류 공부 자료는 책전주식 홈페이지에 매일매일 업데이트되며 무료로 열람할 수 있습니다. 이렇게 정리된 테마 분류표를 다시 한번 엑셀로 다운받아 관리하면서 매일매일 상승 이유를 공부한다면 한 달 안에 테마 형성과 상승 종목들에 대한 감이 어느 정도 생기게 될 것입니다.

⊙ 테마주 분류 예시

날짜	테마(대)	테마(소)	종목명	상승이유
23/5/4	전기차	커패시터 필름 쇼티지 수혜	성문전자	커패시터 필름 쇼티지 수혜 전망 속 커패시터용 증착 필름 생산 부각에 상한가
23/5/4	전기차	커패시터 필름 쇼티지 수혜	성호전자	커패시터 필름 쇼티지 수혜 전망 속 삼성전자 등에 커패시터 필름 납품 사실 부각에 상한가
23/5/4	전기차	페라이트 사용 기대감	삼화전자	테슬라 희토류 대체 페라이트 사용 기대감 지속으로 페라이트 코어 양산 및 공급 이력 지속 부각에 상한가

장 마감 정리 자료를 활용하라

테마를 분류하는 또 다른 방법으로는 주식 정보 제공업체에서 제공하는 장 마감 정리 자료를 활용하는 것입니다. 장 마감 자료를 찾아볼 수 있는 곳은 대표적으로 인포스탁이라는 유료 정보 제공업체가 있으며, 다양한 주식 투자 네이버 카페, 인스타그램 등에서 정보를 얻을 수 있습니다. 대부분 당일의 주도적인 종목들의 테마를 구분하거나 이슈를 모아서 보여주는 형태로 제공합니다. 하지만 이러한 장 마감 자료는 직접 정리하려면 시간이 너무 오래 걸립니다. 또한 주식 투자로 경제적 자유를 이룬 만큼 자유시간을 활용해야 하는데 더 많은 시간을 들여 공부해야 한다는 주객전도의 상황을 만들기도 합니다.

이러한 점을 누구보다 잘 알고 있기 때문에 독자분들을 위하여 유료 주식 정보 제공업체와 제휴를 맺어 제가 운영하는 네이버 '책전주식 스터디카페'에 정리 자료를 매일 업데이트하고 있습니다.

그중 하나인 당일 특정 테마 및 테마별 등락률 자료는 당일 상승했던 특정 테마에 대한 기사와 관련 설명을 하고, 그에 따라 상승했던 종목들을 테마에 맞게 자동으로 분류하고 있어 누구나 쉽게 공부할 수 있습니다. 또한 이 자료를 활용하여 키움증권 영웅문 HTS에 테마별로 구분한 관심종목을 업로드할 수 있는 엑셀파일을 제작하여 실전 매매에 활용할 수 있도록 무료로 배포하고 있으니 테마주 공부를 처음 하는 분들은 참고하시기 바랍니다.

일라이 릴리 도나네맙 긍정적인 임상 결과 공개 소식에 상승

▷일라이 릴리(LLY)는 전일(현지시간) 도나네맙이 알츠하이머 초기 환자 대상 임상 3상(TRAILBLAZER-ALZ 2)에서 위약군 대비 인지능력과 일상생활 능력 감소는 35% 늦추고, 질환의 다음 단계 진행 위험은 39% 낮췄다는 결과를 공개했음. 이번 임상은 경도인지장애(MCI)를 포함해 초기 알츠하이머병 환자 1,182명 대상으로 이뤄졌으며, 임상 결과 1차 유효성 지표로 설정된 인지능력과 운전, 취미생활, 자산 관리 등 일상생활 능력을 평가하는 통합 알츠하이머병 평가 척도(iADRS)에 대해서는 실험군에서 35%의 능력 저하 감소가 나타났음.

▷또한, 2차 지표로 설정된 인지능력을 평가하기 위해 주로 쓰이는 임상치매적도총점(CDR-SB) 역시 18개월간 이와 비슷한 36%의 능력 저하 감소 정도가 확인됐음. 일라이 릴리는 이 같은 결과를 토대로 상반기 내로 FDA에 승인을 요청하고, 다른 국가 규제기관에도 최대한 이른 시일 내에 품목허가를 신청하겠다는 구상임.

▷이 같은 소식 속 메디프론, 피플바이오, 아이큐어, 퓨쳐켐, 인벤티지랩, HLB제약 등 치매 테마가 상승.

테마명	등락률(%)	종목명	등락률(%)
치매	+2.76%	메디프론(065650)	+29.96%
		아이큐어(175250)	+11.13%
		피플바이오(304840)	+9.60%
		퓨쳐켐(220100)	+7.28%
		에이프로젠바이오로직(003060)	+7.27%
		샤페론(378800)	+6.99%
		에이비엘바이오(298380)	+5.95%
		HLB제약(047920)	+5.77%
		대화제약(067080)	+5.43%
		씨티씨바이오(060590)	+4.69%

[2-11] 네이버 책전주식 스터디카페에 장 마감 후 업로드되는 당일 특징 테마 및 테마별 등락률 자료

[2-12] 테마주 엑셀파일을 HTS에 업로드한 화면

Chapter
3

차트 분석 도구인
HTS 활용법

차트 분석을 위한 HTS 기본 설정

HTS의 메인 화면 살펴보기

자, 이제부터 우리는 앞서 배웠던 모든 기술적 분석을 활용하여 효과적으로 종목을 매매하기 위해 HTS와 차트 설정을 해야 합니다. 이 책에서 사용되는 HTS는 모두 키움증권 영웅문4입니다. 따라서 키움증권 주식 투자 계좌와 HTS 로그인을 위한 홈페이지 가입이 선행되어야 합니다. HTS를 설치하는 과정은 키움증권 홈페이지의 안내를 참고해주세요.

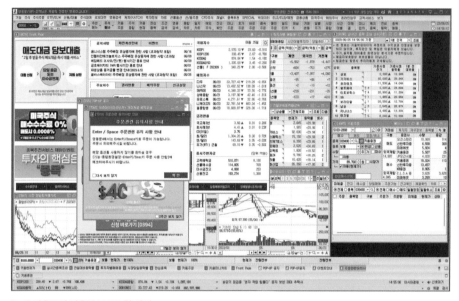

[3-1] 키움증권 영웅문4 HTS 첫 화면

HTS에 로그인한 뒤 처음 보는 화면입니다. 주식 투자가 처음이
거나 스마트폰으로만 매매했던 분들이라면 아마 이 화면이 매우 생
소하실 겁니다. 매매에 필요한 화면들을 하나씩 설정해보겠습니다.

우선 모든 창 닫기 기능을 활용하여 HTS를 깔끔하게 정리해보
겠습니다. HTS상 빈 공간에서 [마우스 오른쪽 버튼] 〉[모든 창 닫
기]를 클릭하거나 상단 메뉴의 [보기] 〉[모든 창 닫기]를 클릭하여
HTS를 정리합니다.

HTS는 크게 3분할하여 설명할 수 있습니다.

① 메뉴와 메뉴 툴바
먼저 메뉴와 메뉴 툴바가 있는 상단입니다. 이곳에서는 전체적

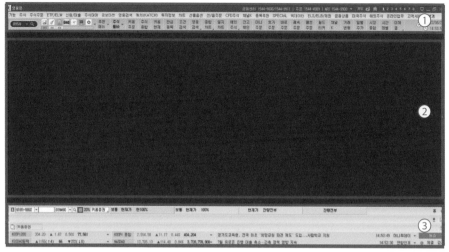

[3-2] 영웅문4의 모든 창을 정리한 HTS 화면

인 HTS 설정을 하거나 내가 즐겨 사용하는 화면들을 저장 또는 바로가기 버튼을 만들 수 있는 곳으로, 매매할 때 유용하게 사용할 수 있습니다.

② 메인화면

두 번째 공간인 HTS 메인화면은 다양한 정보를 제공하는 창을 띄울 수 있는 공간으로, 대표적으로 차트나 호가창, 체결창, 매수/매도 등의 기능을 활용할 수 있습니다. 앞으로 우리가 활용할 모든 기능은 이곳에서 이루어지며, 모든 투자자가 궁금해하는 고수들의 HTS 설정이나 화면 설정은 바로 이 부분이라고 생각하면 됩니다.

③ 하단 툴바

마지막 세 번째 공간은 하단에 위치한 툴바 공간입니다. 이곳에서는 화면, 티커, 종목, 쾌속 주문 등의 다양한 정보를 간략하게 띄워주거나 빠르게 주문에 활용할 수 있는 기능을 제공합니다. 모든 툴바를 활용하기보다 내가 필요한 정보만 설정하고 다른 기능을 모두 삭제할 수도 있습니다.

HTS 기본 설정 변경하기

HTS 메인화면을 구성하는 세 가지 공간에 대하여 알아봤으니 이제 본격적으로 전체적인 기본 기능 설정을 알아보겠습니다.

우선 메뉴에서 [기능] 〉 [종합환경 설정]을 클릭하여 [종합환경 설정] 창을 활성화합니다. 여기서는 HTS 기본 설정 중 중요하다고 생각하는 변동사항이 있는 기능만 설명하고, 나머지 부분은 초기 그대로 설정하여 사용합니다.

1. 기본환경 설정하기

① 시작화면

[프로그램 종료 시의 화면 구성 상태로 띄우기]를 선택한 후 [종료 시 모든 가상화면상의 화면 저장하기]를 선택합니다. 이렇게 선택하면 HTS를 종료할 때 모든 화면을 기억해둔 뒤 다시 시작한 후에도 같은 화면을 유지시켜 줍니다.

주린이 시절 이 설정을 하지 않아 열심히 매매 환경을 구축한 뒤 뿌듯한 마음으로 HTS를 종료했는데 다음 날 모든 화면이 사라졌던

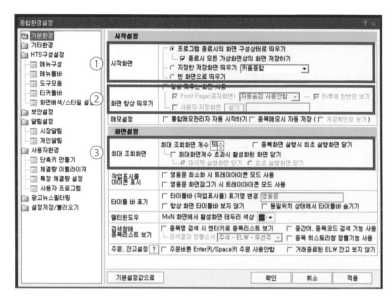

[3-3] [기본환경] 설정 화면

슬픈 기억이 있습니다.

② 화면 항상 띄우기

HTS를 실행할 때마다 키움증권의 공지화면이나 다양한 이벤트 화면을 자동으로 띄워주는 기능입니다. 계속해서 이용하고 싶다면 [항상 띄우는 화면 사용] 기능을 활성화하고 그렇지 않다면 해제합니다.

③ 최대 조회화면

HTS의 메인화면에 띄울 수 있는 창의 개수를 정하는 기능입니다. 최대 50개까지 창을 띄울 수 있으며 그 이상의 창을 띄우려고 하면 경고창이 뜨면서 더 이상 창을 추가할 수 없게 됩니다. 만약 경고창 없이 계속해서 창을 띄우길 원한다면 [중복화면 실행 시 최초 실행화면 닫기] 또는 [최대 화면 개수 초과 시 활성화된 화면 닫기]를 선택하면 연속적으로 창을 띄울 수 있습니다.

참고로 사양이 좋지 않은 노트북이나 PC를 사용한다면 많은 창을 한꺼번에 띄울 때 PC가 느려져 매매가 불가능할 수도 있으니 매매 환경에 영향을 주지 않는 최적의 창 개수를 미리 알아두는 것도 실수로 인한 손실을 줄일 수 있는 방법입니다.

2. 기타환경 설정하기

① 종목화면 연동

모든 기능에 체크합니다. 종목 선택 시 모든 창에서 같은 종목의

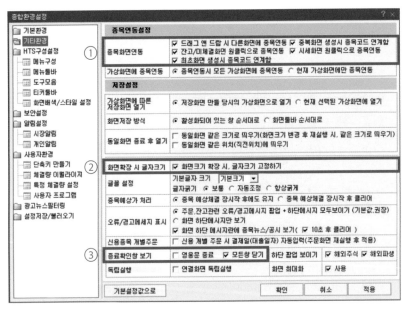

[3-4] [기타환경] 설정 화면

정보를 보여주도록 하는 기능입니다. 그중 [드래그 앤 드랍 시 다른 화면에 종목 연동] 기능은 종목코드를 클릭한 상태로 다른 창에 옮겨놓을 경우 그 창에서 같은 종목의 정보를 보여주는 기능으로 매매할 때 유용합니다.

예를 들어 [[0130] 관심 종목] 창에서 [[0600] 키움종합차트]로 송원산업이라는 종목을 드래그하여 드랍하면 드래그 앤 드랍을 설정한 경우 [[8080] 주식 호가 주문 플러스] 창까지 모든 창의 종목이 송원산업으로 바뀝니다. 하지만 설정하지 않은 경우 드랍한 [[0600] 키움종합차트]만 송원산업 종목으로 바뀝니다.

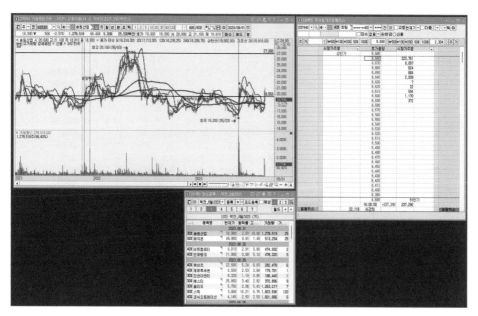

[3-5] 드래그 앤 드랍 설정이 풀려 있다면 드랍한 창만 해당 종목으로 바뀌고 나머지 창은 이전 그대로 유지

② 화면 확장 시 글자 크기

창의 크기를 키울 경우 창의 크기와 함께 글자 크기도 커지는 기능을 해제해놓은 상태입니다.

[3-6] 글자 크기 고정을 해제한 경우(위), 고정을 활성화한 경우(아래)

③ 종료 확인 창 보기

저와 같은 전업투자자는 매일 HTS를 사용하기 때문에 영웅문을 종료할 때마다 확인을 물어보는 것이 번거롭게 느껴집니다. 이를 해제하고 싶다면 [영운문] 설정을 비활성화하면 됩니다.

3. HTS 구성 설정의 티커 툴바 설정하기

HTS 화면의 하단 툴바에 사용할 티커 툴바를 설정하는 화면입니다. 라인 3의 설정을 지수 4개로 변경하고, 지수를 클릭하여 첫 번째 지수는 [DOWJONES], 두 번째 지수는 [NASDAQ], 세 번째 지수는 [KOSPI 종합], 네 번째 지수는 [KOSDAQ]을 표시하도록 설정합니다.

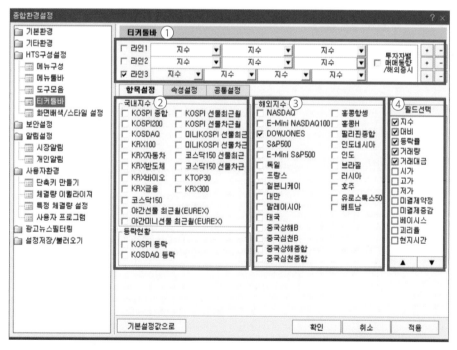

[3-7] [HTS 구성 설정] 〉 [티커 툴바] 설정 화면

① 티커 툴바 선택

티커 툴바의 설정 개수에 따라 라인 1, 2, 3을 설정할 수 있습니다. 보고자 하는 정보가 많다면 모두 선택할 수 있습니다.

②/③/④ 티커 툴바 지수 선택

국내 지수 및 해외 지수를 선택할 수 있으며, 보고자 하는 정보 또한 선택할 수 있습니다.

| DOWJONES | 33,727.43 ▼219.28 ▼0 | NASDAQ | 13,492.52 ▼138.09 ▼1 | KOSPI 종합 | 2,570.10 ▼23.60 -0ㆍ9 | KOSDAQ종합 | 874.84 ▼ 1.54 -0ㆍ1€ |

[3-8] 4개의 지수가 설정된 티커 툴바의 모습

4. 보안 설정하기

보안 설정은 현재 로그인한 아이디에 할당된 계좌 정보를 보여줍니다.

① 계좌명

계좌명을 본명 대신 별명으로도 변경할 수 있습니다.

② 비밀번호

비밀번호를 미리 입력하여 저장해놓으면 매매할 때마다 비밀번호를 입력하지 않아도 됩니다.

③ 계좌번호 숨기기

이 기능을 활성화하면 화면상에 계좌번호가 표기되는 창에서

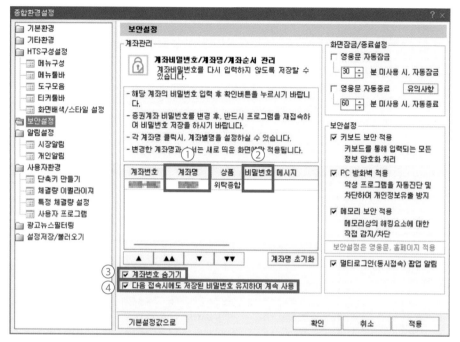

[3-9] [보안 설정] 설정 화면

****-**00과 같이 끝에 두 자리만 나타나도록 만들 수 있습니다.

④ 다음 접속 시에도 저장된 비밀번호 유지하여 계속 사용

이 기능을 사용하면 HTS 종료 후 다시 실행할 때 비밀번호를 따로 입력하지 않아도 됩니다.

5. 사용자 환경의 특정 체결량 설정하기

특정 체결량 설정은 HTS가 제공하는 체결창에 나타나는 체결량에 특정 조건을 적용하는 기능입니다. 특히 제가 사용하는 [[0120] 미니 체결] 창이나 많은 분이 사용하는 [[8282] 주식 호가 주문] 창

에 나타나는 체결에 적용할 수 있습니다.

체결이라 함은 매수와 매도가 이루어지는 순간을 표기해주는 기능입니다. 누군가 매도를 내놓은 1주의 주식을 누군가 매수 주문 1주를 입력해 거래가 이루어진다면 체결창에는 매수체결 1주가 표기됩니다.

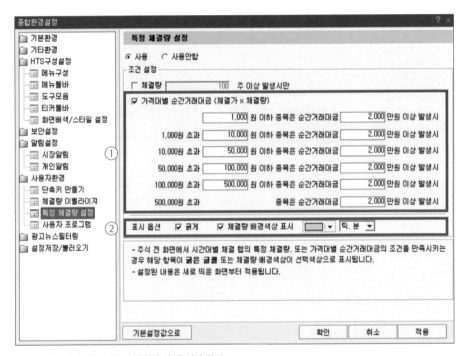

[3-10] [사용자 환경] > [특정 체결량 설정] 설정 화면

① 가격대별 순간 거래대금(체결가×체결량)

우리는 앞으로 순간 거래대금이 2,000만 원 이상인 매수에 큰 의미를 둘 것이므로 종목 금액에 상관없이 모든 호가창 범위에서 '2,000만 원 이상의 체결 발생 시'로 설정합니다. 2,000만 원 이상의

가격이 계산된 체결량에 특정한 색상과 굵기로 설정하여 단타 매매 시 시각적으로 그 의미를 부여하는 것입니다.

② 표시 옵션

해당 기능을 통해 2,000만 원 이상의 체결이 일어날 때 다른 체결보다 굵고 노란색으로 표시되도록 설정합니다. 2,000만 원이 가진 의미는 챕터 5에서 다룰 예정입니다.

6. 설정 저장/불러오기 설정하기

매매에 필요한 구성 요소를 설정했지만 저장하지 않는다면 아무소용 없을 것입니다. 또, 노트북을 새로 구입한다든가 PC에 문제가 있어 초기화해 모든 설정이 사라진다면 다시 처음부터 설정을 하나씩 변경해야 합니다. 우리에게는 예상치 못한 일들이 많이 생기기 때문에 항상 동일한 설정으로 매매할 수 있도록 만드는 기능이 필수입니다.

키움증권에서는 내가 사용하는 HTS 설정을 서버에 저장하는 기능을 제공하고 있는데, 이 기능을 주기적으로 활용하여 나만의 소중한 매매 설정을 백업해두는 습관을 들여야 합니다.

① 개인 설정 정보 서버 저장하기

현재 내가 사용하고 있는 모든 HTS의 설정을 내 아이디에 할당된 개인 서버에 저장하는 기능입니다. 일주일에 한 번, 적어도 이주일에 한 번씩은 습관적으로 서버에 저장하도록 합니다.

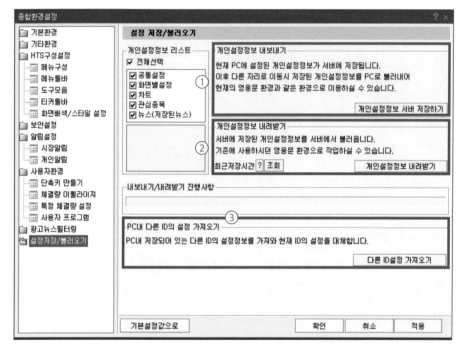

[3-11] [설정 저장/불러오기] 설정 화면

② 개인 설정 정보 내려받기

①에서 서버에 저장한 나의 설정을 다운로드하는 기능입니다. 이 기능으로 새로운 PC나 노트북에 로그인하여 내려받기 하면 기존의 모든 설정을 사용할 수 있습니다.

③ 다른 ID 설정 가져오기

현재 로그인한 PC나 노트북에 이전에 다른 ID로 로그인한 기록이 남아 있다면 그 ID의 설정을 그대로 가져올 수 있는 기능입니다. 이 기능은 두 가지로 활용할 수 있는데 첫째, 키움증권은 한 개인이 여러 개의 아이디를 사용할 수 있도록 하고 있습니다. 따라서 새로운 아이디를 만들었다면 기존에 사용하고 있는 아이디의 설정 정보를 새로 만든 아이디에 덮어씌울 수 있습니다.

둘째, 새롭게 주식 투자를 시작하는 지인에게 내가 사용하고 있는 설정을 동일하게 만들어주고 싶을 때 사용할 수 있습니다. 단, 기존에 사용하던 모든 설정 정보가 삭제되며 되돌릴 수 없음을 반드시 기억해야 합니다.

이제 모든 설정을 완료했다면 [종합환경 설정] 창 아래에 있는 [적용] 버튼을 누르고 [확인] 버튼을 눌러 변경된 설정을 적용합니다.

효과적인 매매를 위한
일봉 차트 설정

매매를 원활하게 하기 위한 HTS 기본 설정이 끝났습니다. 이제 부터는 성공적인 매매를 위해 차트를 설정할 차례입니다.

차트의 기본 설정 변경하기

HTS에서 제공하는 차트 프로그램은 상당히 많습니다. 그중에서 우리는 앞으로 [[0600] 키움종합차트]를 사용하여 설정할 것입니다. 키움증권에서 제공하는 대부분의 차트는 기능적으로는 동일하나 [[0600] 키움종합차트]만 유일하게 주식, 선물, 업종, 해외 차트 등을 모두 불러와 볼 수 있는 기능이 있어서 단 한 번의 설정으로 내가 원하는 국내 주식 종목 또는 지수, 해외 주식 종목에 대입할 수 있습니다. 다만 주의할 점은 [[0600] 키움종합차트]에 설정한 설정 내역은 [[0601] 주식종합차트]에서 불러올 수 없는, 각각의 개별적인 프로그램이기 때문에 [0600]과 [0601]을 혼동하여 원하는 기능을 제때 불러오지 못하는 문제를 조심해야 합니다.

메뉴에서 [차트] 〉 [[0600] 키움종합차트]를 클릭해 HTS 화면에 창을 띄웁니다.

[3-12] [[0600] 키움종합차트]의 삼성전자(005930) 일봉 차트

[[0600] 키움종합차트](이하 차트)를 실행한 화면입니다. 기본적인 이동평균선이 설정되어 있습니다. 이제부터 우리가 매매에 활용할 수 있는 차트를 설정해보겠습니다.

차트 안 빈 공간에서 [마우스 오른쪽 버튼] 〉 [차트 환경 설정]을 클릭하거나 차트 화면 상단의 [차트 설정(⚙)] 버튼을 클릭합니다.

1. 차트 속성 설정하기

[차트 속성] 탭의 모든 항목을 3-13과 같이 표기해주세요. [가격

정보]에 [추세선 저장]은 반드시 체크해야 합니다. 차트상에 추세선을 그린 뒤 다른 종목을 보고 다시 돌아왔을 때 모든 추세선이 사라졌다면 이 설정이 체크되어 있지 않은 것입니다. 실전 매매에서는 다양한 추세선을 차트에 그리고 저장한 뒤 추후 활용할 수 있기 때문에 추세선 저장 설정을 해놓으시기 바랍니다.

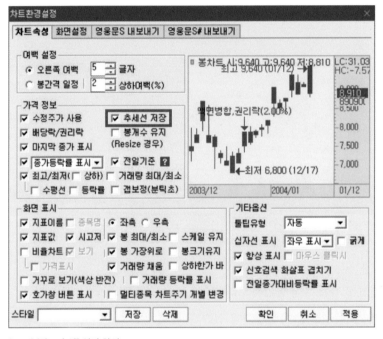

[3-13] [차트 속성] 설정 화면

2. 화면 설정하기

[화면 설정] 탭에서는 차트에서 사용할 각종 색상들을 정할 수 있습니다. 많은 시간을 차트를 보며 매매해야 하므로 바탕색을 눈이 편한 회색으로 변경해주고, 보조선의 가로선과 세로선 체크를

해제합니다.

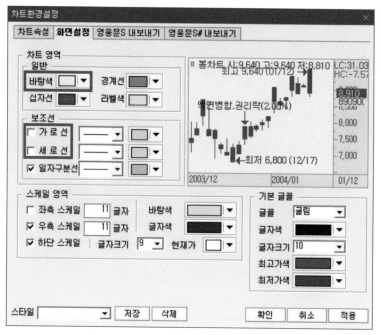

[3-14] [화면 설정] 화면

[영웅문S 내보내기] 탭과 [영웅문S# 내보내기] 탭은 추후 스마트
폰 차트 설정에서 다루겠습니다.

모든 설정이 완료되었다면 이번에도 하단의 [적용] 〉 [확인] 버튼
을 클릭해 설정을 저장합니다.

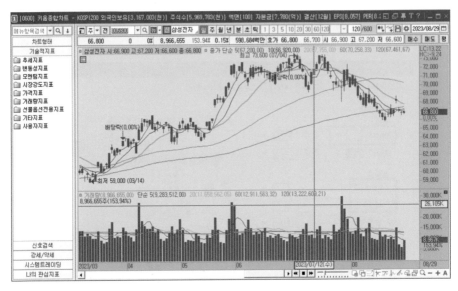

[3-15] 차트의 기본 설정을 완료한 모습

차트의 보조지표 설정하기

이제부터 본격적으로 보조지표들을 설정할 차례입니다. 일봉 차트에 적용할 수 있는 보조지표의 수는 HTS에서 기본으로 제공하는 것만 해도 수십 가지가 넘습니다. 거기에 스스로 함수를 만들어 적용하는 개인 보조지표까지 합치면 그 수를 모두 세기란 불가능할 정도입니다. 아마 주식 투자를 꽤 한다는 사람들 100명에게 어느 보조지표가 가장 중요하냐고 물어본다면 100명 모두 각자 중요하게 생각하는 보조지표가 다를 것입니다.

10년을 넘게 투자해온 제가 가장 중요하게 생각하는 보조지표는 무엇일까요? 딱 세 가지로 압축할 수 있습니다. 바로 이동평균선,

볼린저밴드, 일목균형표입니다. 이외에도 차트를 볼 때 필요한 거래량과 사등분선까지 함께 차트에 설정하는 법을 설명하겠습니다. 또한 이렇게 설정한 보조지표들을 매매에 활용하는 방법은 챕터 4에서 자세하게 설명할 예정입니다.

1. 거래량 설정

매매할 종목을 선정하는 데 가장 많은 영향을 주는 지표는 단연 거래량입니다. 따라서 일봉 차트에서 거래량 캔들을 내가 분석하기 좋게 표현할 수 있도록 설정해야 합니다.

우선 차트 하단에 위치한 거래량 차트에서 거래량 캔들이나 상단의 거래량 수치를 더블클릭하여 [지표 설정] 창을 실행합니다. 이후 [라인 설정] 탭으로 이동하여 거래량을 제외한 이동평균 지표에

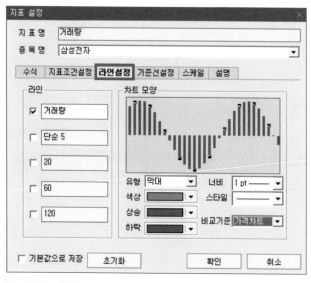

[3-16] [지표 설정] 창 〉 [라인 설정] 설정 화면

체크를 해제합니다. 매매할 때 거래량 캔들의 거래량 이동평균선은 보지 않기 때문입니다.

또 거래량의 [비교 기준]을 [가격 차트]로 변경합니다. 이렇게 변경하는 이유는 가격의 변동으로 만들어지는 가격 캔들이 시가보다 상승하는 양봉일 경우 그 거래를 일으킨 거래량을 매수세력으로 보고, 시가보다 하락하는 음봉일 경우 그 거래를 일으킨 거래량을 매도세력으로 판단하여 전략을 구성하기 때문입니다.

2. 이동평균선 설정

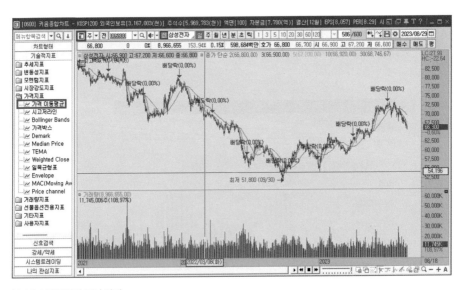

[3-17] 이동평균선 표시 방법

차트 상단의 [좌측 메뉴 보이기/감추기(▣)]를 클릭하면 HTS에서 제공하는 보조지표 목록이 나옵니다. 이동평균선은 [기술적 지표] 〉 [가격 지표] 〉 [가격 이동평균]을 클릭하면 이동평균선이 캔들 차트에 표시됩니다. 단, 이동평균선의 경우 키움증권 [[0600] 키움종합차트] 초기 설정에도 이미 적용되어 나타나기 때문에 따로 추가하지 않아도 됩니다.

이동평균선 차트를 설정하기 위해서 차트상의 이동평균선을 클릭하거나 차트 상단의 이동평균선 이름 또는 수치를 더블클릭하여 이동평균선의 [지표 설정] 창을 실행합니다.

[지표 조건 설정] 탭에서 매매에 활용할 이동평균선 기간 1~4를 각각 5, 20, 120, 240으로 입력합니다.

[3-18] [지표 설정] 창 〉 [지표 조건 설정] 화면

[라인 설정] 탭으로 이동하여 각 이동평균선의 너비와 색상을 다음의 조건과 같이 지정해줍니다.

이동평균선 종류	너비	색상
5	2pt	빨간색
20	2pt	파란색
120	3pt	빨간색
240	4pt	파란색

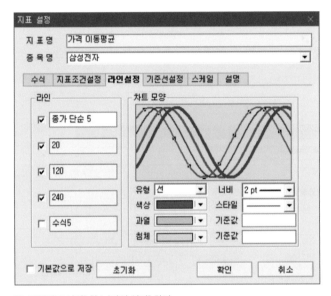

[3-19] [지표 설정] 창 〉 [라인 설정] 화면

5일선과 20일선을 단기 이동평균선, 120일선과 240일선을 장기 이동평균선으로 구분하여 각각 짧은 주기를 빨간색, 긴 주기를 파란색으로 표현합니다. 또 장기와 단기를 구분하기 위해 너비에 차이를 두어 한눈에 알아보기 쉽도록 설정합니다.

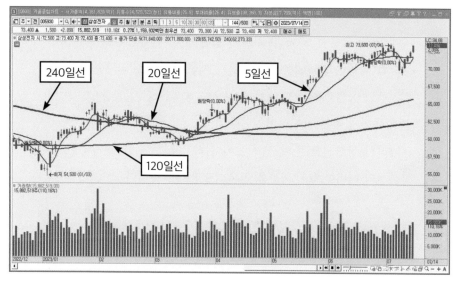

[3-20] 거래량과 이동평균선 설정이 적용된 일봉 차트 모습

Tip

보조지표를 삭제하고 싶을 때

추가한 보조지표를 더 이상 쓰지 않거나, 혹은 잘못 추가한 경우에는 삭제하고 싶은 지표를 선택한 뒤 키보드의 [Del] 키를 누르면 선택한 지표가 삭제됩니다.

3. 볼린저밴드

좌측 메뉴에서 [기술적 지표] 〉 [가격 지표] 〉 [Bollinger Bands]를 선택하여 실행하고, 볼린저밴드를 더블클릭하여 [지표 설정] 창을 실행합니다.

[라인 설정] 탭으로 이동하여 중심선과 하한선의 체크를 해제하

고 상한선만 남겨둡니다. 주가는 볼린저밴드의 상한선과 하한선 안쪽에 머물 확률이 95%입니다. 이 말은 주가가 상한선을 돌파하여 상승할 확률은 2.5%밖에 되지 않기 때문에 거래량을 동반하여 볼린저밴드 상한선을 뚫는 흐름이 나오는 종목은 단기 급등으로 이어질 확률이 높아진다는 의미입니다.

따라서 상한선을 주의 깊게 보아야 하므로 눈에 잘 띌 수 있도록 상한선의 너비를 3pt, 색상을 검은색으로 바꿔줍니다.

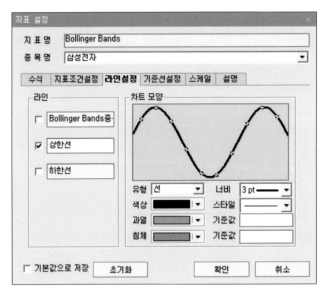

[3-21] [지표 설정] 창 〉 [라인 설정] 화면

4. 일목균형표

좌측 메뉴에서 [기술적 지표] 〉 [가격 지표] 〉 [일목균형표]를 선택하여 실행하고 일목균형표를 더블클릭하여 [지표 설정] 창을 실행합니다.

일목균형표는 전환선, 기준선, 후행스팬, 선행스팬 1, 선행스팬 2로 이루어져 있지만 우리가 사용할 요소는 기준선 한 가지입니다. 따라서 [지표 조건 설정] 탭에서 사용하지 않는 shortPeriod와 longPeriod의 값을 지우고 [지표 상세 정보 표시]와 [구름대 영역 표시]의 체크도 해제합니다.

[3-22] [지표 설정] 창 〉[지표 조건 설정] 화면

그다음 [라인 설정] 탭으로 넘어가 기준선 26을 제외한 모든 항목의 체크를 해제하고, 기준선 26의 너비를 3pt, 색상을 초록색으로 설정합니다.

이렇게 차트 분석에서 사용할 기본적인 보조지표의 설정이 완료되었습니다.

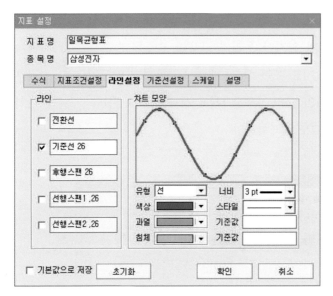

[3-23] [지표 설정] 창 > [라인 설정] 화면

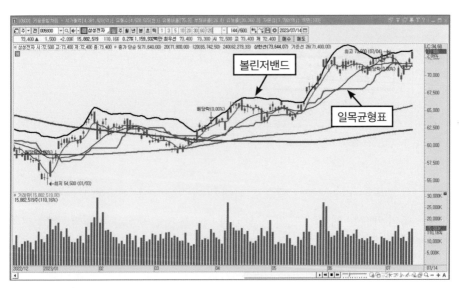

[3-24] 볼린저밴드와 일목균형표 설정까지 적용된 일봉 차트 모습

5. 사등분선

사등분선을 차트에 표시하는 방법은 의외로 간단합니다. '사등분선 자동' 기능을 추가하면 일봉 차트상 원하는 종목에 대입해볼 수 있습니다. 사등분선 자동을 추가하는 방법은 두 가지가 있습니다. 먼저 [[0600] 키움 종합차트]의 빈 공간에서 [마우스 오른쪽 버튼] 〉 [차트 툴] 〉 [사등분선 자동]으로 추가할 수 있습니다.

다른 방법은 HTS 화면 오른쪽에 있는 '차트 툴바'에서 [차트 툴 편집(圖)] 아이콘을 클릭합니다. 그리고 메뉴 구분을 '분석도구'로 변경하고 [사등분선 자동]을 선택해 오른쪽 화살표(▶) 버튼을 눌러 툴바 구성에 추가합니다. [적용] 〉 [확인] 버튼을 누르면 오른쪽 차트 툴바에 사등분선 자동(圖)이 추가된 것을 확인할 수 있습니다. 만약 HTS 화면에 차트 툴바가 보이지 않는다면 HTS 화면 상단 메뉴의 [보기] 〉 [차트 툴바]를 선택하면 추가할 수 있습니다. 차트 툴

[3-25] 차트 툴바를 이용해 사등분선 자동을 추가하는 법

[3-26] 차트 툴바에 추가된 모습

바는 차트 창을 띄운 경우에만 활성화됩니다.

사등분선 자동(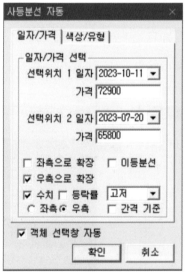) 아이콘을 클릭한 뒤 차트의 일정 구간을 드래그하면 사등분선을 그릴 수 있습니다. 드래그 후 [객체] 창이 뜨면 [취소]를 누르면 됩니다.

사등분선을 더블클릭하여 뜨는 창에서 사등분선의 설정을 변경할 수 있습니다. 저는 [일자/가격] 탭에서 '우측으로 확장', 수치는 '우측', '고저' 그리고 객체 선택 창 자동 선택을 체크하고, [색상/유형] 탭에서는 선 색상은 '검정', 굵기는 '2pt'로 설정하여 사용하고 있습니다.

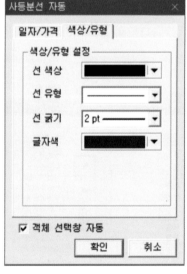

[3-27] 사등분선 설정하기 [일자/가격] 탭(좌)과 [색상/유형] 탭(우)

책전주식이 만든 보조지표들

차트 분석의 장점은 내가 원하는 보조지표를 직접 만들어 쓸 수 있다는 점입니다. 강세/약세 지표는 차트상의 특정 기간을 다른 색으로 표현할 수 있는 기능입니다. 예를 들어, 장/단기 이동평균선의 골든크로스와 데드크로스를 구분하여 색을 다르게 표현할 수 있습니다. 이를 신호검색으로 만들어 화살표가 기호로 차트에 표시되도록 하는 방법도 있습니다.

거래량을 중요하게 여기는 저의 매매법은 거래량이 많이 들어오는 모습을 차트에서 직관적으로 확인할 수 있도록 만드는 것이 중요합니다. 그래서 강세 지표와 신호검색 지표를 사용하여 특정 기간 중 신고거래량을 기록하는 날을 표기할 수 있는 수식들을 만들었습니다.

1. 신고거래량 신호 지표

신고거래량 신호 지표란 특정 기간 동안 발생한 거래량을 비교하여 당일 최고치의 거래량이 발생한 날에 신호를 표시하도록 만든 지표입니다.

좌측 메뉴에서 [신호검색] 〉 [거래량 최고치 갱신]을 활성화하고 더블클릭하여 [신호검색 설정] 창을 실행합니다. [지표 변수] 탭에서 Period를 120으로 설정하고, [수식] 탭에서 색상은 빨간색, 표시는 매도로, 모양은 화살표로 변경합니다.

이 설정을 풀어서 말하자면 120일(6개월)의 기간 중 신고거래량(최고 거래량)이 나타난 종목의 캔들 위에 화살표 기호를 표기해달라는 말입니다. 이때 표시에 매도로 설정하면 가격 캔들 위에 표시되며, 매수로 설정하면 가격 캔들 아래에 표시됩니다. 각자 차트를 판단할 때 보기 편한 형태로 변경하여 사용할 수 있습니다.

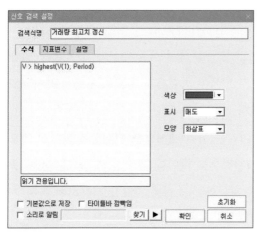

[3-28] [신호검색 설정] 창 > [수식] 설정 화면

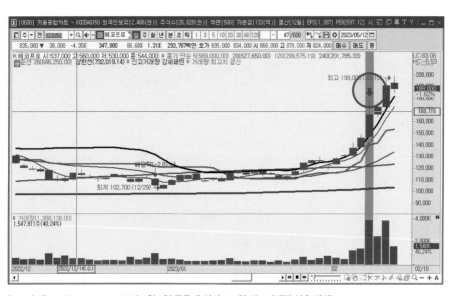

[3-29] 에코프로(086520) 2023년 2월 7일 급등 초입의 120일 신고거래량 신호 발생

2. 신고거래량 강세 지표

이제 120일 신고거래량이 발생하는 캔들을 한눈에 찾아낼 수 있게 되었습니다. 하지만 차트를 1년 또는 그 이상으로 길게 볼 때에는 캔들의 크기가 줄어들기 때문에 신호 검색 또한 작아져 간혹 시각적으로 신고거래량을 놓치는 일이 종종 발생합니다. 따라서 강세/약세 지표를 통해 특정 캔들이 지나가는 차트의 바탕색을 변경하여 신고거래량이 생기는 날을 한눈에 알아볼 수 있도록 설정했습니다.

강세 지표에서는 신고거래량의 수식을 제공하지 않기 때문에 직접 만들어 사용해야 합니다. 차트의 공간에서 [마우스 오른쪽 버튼] 〉 [수식 관리자]를 실행합니다. 왼쪽 메뉴에서 [강세 약세]를 선택하고 위쪽의 [새로 만들기]를 클릭합니다. 강세 약세명에 '신고거래량'을 입력하고, [수식] 〉 [강세 패턴]에 'V 〉 highest(V(1), p1)'을 입력합니다. [지표 변수] 탭으로 이동해 p1, 120을 입력하고 상단의 [작업 저장] 버튼을 클릭해 설정을 저장합니다.

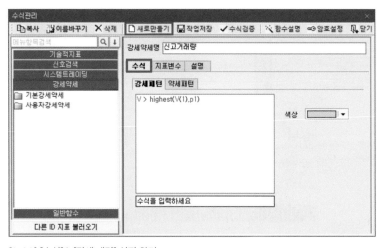

[3-30] [수식] 〉 [강세 패턴] 설정 화면

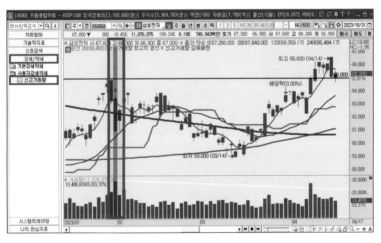

[3-31] [지표 변수] 설정 화면

저장이 완료되었다면 창을 닫고, 차트 창 빈 곳에서 [마우스 오른쪽 버튼] 〉 [강세 약세 적용]을 클릭합니다. [지표 추가/전환 – 강세약세] 창에서 방금 저장했던 [신고거래량]을 선택하여 차트에 추가합니다.

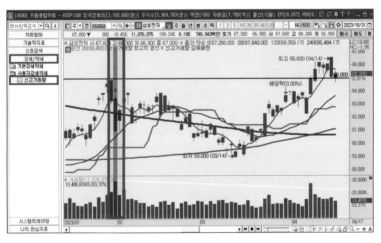

[3-32] 신고거래량 강세 패턴이 적용된 일봉 차트 모습

차트 설정을 통해 거래량, 지지와 저항, 보조지표를 한눈에 파악할 수 있도록 설정했기 때문에 매매할 종목을 선택할 때 엄청난 시간을 절약할 수 있게 되었습니다.

투자자의 성향 또는 매매 스타일에 따라 일봉 차트의 모습은 셀 수 없을 정도로 다양하게 나타날 수 있습니다. 어떤 보조지표를 더욱 중점적으로 볼 건지와 서로 다른 매매 패턴을 구분하기 위해 다양하게 설정하여 사용할 수 있습니다.

13

단타 매매를 위한
분봉 차트 설정

하루의 주가 변동을 나타내는 분봉

지금까지 우리는 일봉 차트에 대해 알아보았습니다. 사실, 기본적 분석을 사용하는 장기 투자자와 스윙 투자를 하는 단기 보유 투자자에게 분봉 차트는 크게 매매에 영향을 주는 요소가 아닙니다. 때문에 투자하는 동안 분봉을 거의 활용하지 않는 분들도 많습니다. 하지만 매매 스타일상 단타 매매를 주로 하는 투자자라면 분봉 차트를 반드시 사용해야 합니다. 왜냐하면 일봉 차트는 말 그대로 캔들이 하루에 하나씩 생기는 차트이므로 하루 동안 일어나는 등락을 파악하기 쉽지 않기 때문입니다. 따라서 하루를 분 단위로 쪼개서 보여주는 분봉 차트 설정이야말로 단타 매매를 하는 투자자라면 무조건 마스터해야 하는 기술적 지표 중 하나입니다.

단타 매매의 스타일은 스윙 투자나 기본적 분석 투자만큼이나 그 방법이 엄청나게 다양합니다. 따라서 일봉 차트보다 훨씬 더 주관적인 설정이 주를 이루고 있습니다. 지금 제가 소개할 분봉 차트는 급등하는 종목의 당일 눌림목을 잡아내는 타점을 자동으로 나타내는 지표를 설정한 것이며, 각각 사등분선과 피보나치 비율 이론을 활용한 매매법을 사용하고 있습니다.

사등분선과 피보나치 비율은 모두 당일의 고점과 저점 사이의 공간을 각각 사등분선은 25%씩, 피보나치 비율은 피보나치 수열을 이용한 0.618, 0.382, 0.5 등 일정 비율로 나누고 그 지점을 매매 타점으로 활용하는 지표입니다. 특히 피보나치 비율은 일목균형표 이론에서 주로 쓰이는 비율입니다.

1. 분봉상 사등분선을 활용한 무지개 타점

분봉 차트의 빈 곳에서 [마우스 오른쪽 버튼] 〉 [수식 관리자]를 실행합니다. 왼쪽의 [기술적 지표]를 선택하고 위쪽의 [새로 만들기]를 누른 뒤 지표명에 '단타_분봉 4등분선'이라고 입력합니다.

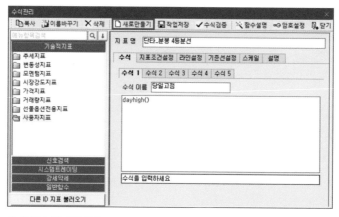

[3-33] [수식] 설정 화면

분봉상 사등분선을 구현하기 위해 [수식] 탭 〉 [수식 1~5]를 각각 클릭하여 다음과 같이 입력합니다.

⊙ [수식 1~5]에 입력할 내용

수식명	수식이름	수식
수식 1	당일 고점	dayhigh( )
수식 2	중심선 1	((dayhigh( )+((dayhigh( )+daylow( ))/2)))/2
수식 3	당일 중심선	(dayhigh( )+daylow( ))/2
수식 4	중심선 2	(((dayhigh( )+daylow( ))/2)+(daylow( )))/2
수식 5	당일 저점	daylow( )

그다음 [라인 설정] 탭으로 이동하여 다음과 같이 설정합니다.

⊙ [라인 설정] 탭에 입력할 내용

수식 이름	유형	너비	색상	과열/기준값
당일 고점	선	2	빨간색	- (그대로 유지)
중심선 1	선	2	주황색	- (그대로 유지)
당일 중심선	선	2	노랑색	연두색/1
중심선 2	선	2	초록색	회색/1
당일 저점	선	2	파란색	- (그대로 유지)

모두 입력하였다면 상단의 [수식 검증] 버튼을 누르고 이상이 없다는 창이 뜨면 [작업 저장] 버튼을 클릭해 사용자 지표에 저장합니다.

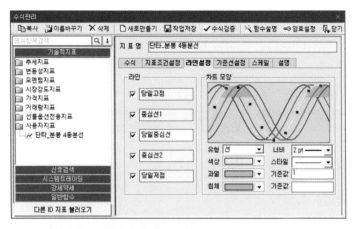

[3-34] [라인 설정] > [당일 중심선] 설정 화면

2. 분봉상 피보나치 비율을 활용한 무지개 차트

이어서 피보나치 비율을 활용한 무지개 차트를 만들어보겠습니다. [수식 관리] 창에서 [기술적 지표] > [새로 만들기]를 한 뒤, 지표명에 '단타_분봉 피보나치'를 입력합니다.

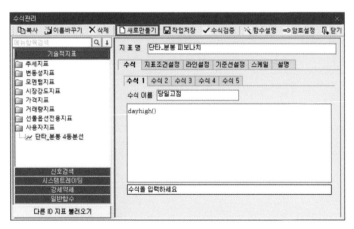

[3-35] [수식] 설정 화면

분봉상 피보나치 비율을 구현하기 위해 [수식] 탭 〉 [수식 1~5]를 각각 클릭하여 다음과 같이 입력합니다.

→ [수식 1~5]에 입력할 내용

수식명	수식이름	수식
수식 1	당일 고점	dayhigh( )
수식 2	23.6%	((dayhigh( )-daylow( ))*0.764)+daylow( )
수식 3	38.2%	((dayhigh( )-daylow( ))*0.618)+daylow( )
수식 4	50%	((dayhigh( )-daylow( ))*0.5)+daylow( )
수식 5	61.8%	((dayhigh( )-daylow( ))*0.382)+daylow( )

그다음 [라인 설정] 탭으로 이동하여 다음과 같이 설정합니다.

→ [라인 설정] 탭에 입력할 내용

수식 이름	유형	너비	색상	과열/기준값
당일 고점	선	2	빨간색	- (그대로 유지)
23.6%	원	2	주황색	- (그대로 유지)
38.2%	선	2	노랑색	연두색/1
50%	선	2	초록색	회색/1
61.8%	원	2	파란색	- (그대로 유지)

모두 입력하였다면 상단의 [수식 검증] 버튼을 누르고 이상이 없다는 창이 뜨면 [작업 저장] 버튼을 클릭해 사용자 지표에 저장합니다.

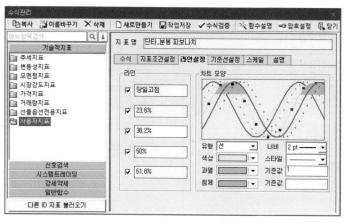

[3-36] [라인 설정] 〉 [38.2%] 설정 화면

3. 설정한 지표 분봉 차트에 적용하기

우선 분봉 차트의 모든 지표를 키보드의 [Del] 키를 눌러 삭제합니다. 모든 지표가 삭제되었다면 차트의 빈 공간에서 [마우스 오른쪽 버튼] 〉 [지표 겹치기]를 선택합니다.

이때 [지표 추가]와 헷갈리지 않아야 합니다. 우리가 만든 지표를 분봉의 가격 캔들 위에 겹쳐놓아 눌림목을 찾아내는 것이기 때문에 [지표 겹치기]로 설정해야 합니다. [지표 추가]를 할 경우 지표가 캔들 차트에 표시되는 것이 아니라 캔들 차트 아래에 별도로 표시되기 때문입니다.

[지표 추가/전환－기술적 지표] 창이 뜨면 만들어둔 지표 중 겹치기할 지표를 찾아 [적용] 버튼을 누릅니다. 그러면 [Y축 표시 방법] 창이 활성화되는데, 이때 마지막 [다음 지표와 Y축 공유]를 클릭하고 종목을 선택합니다.

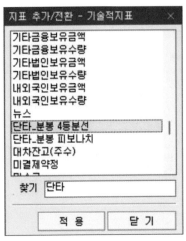
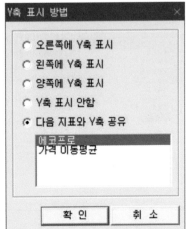

[3-37] 만들어둔 지표를 찾아 적용한다. 그리고 종목을 선택한다.

[지표 겹치기]를 통해 가격 캔들에 사등분선과 피보나치 비율을 각각 만들어야 합니다. 사등분선과 피보나치 비율을 모두 한 차트에 표기할 경우 한 번에 7~8개의 선이 표기됩니다. 따라서 내가 사등분선 매매를 할 것인지, 피보나치 비율 매매를 할 것인지에 따라 차트를 각각 설정합니다. 혹시 두 개 모두 고려하겠다고 하면 선들이 서로 헷갈리지 않도록 [지표 설정] 창에서 색상과 모양을 잘 설정해야 합니다.

차트 기능 중에 [차트 툴 적용/관리]라는 기능이 있습니다. 내가 설정하는 차트를 각각 활용성에 따라 저장한 뒤 불러올 수 있는 기능입니다. 이렇게 하면 사등분선 매매, 피보나치 비율 매매가 모두 적용된 차트를 각각 저장한 뒤 필요에 따라 불러올 수 있습니다.

3-38, 3-39의 두 지표 모두 2023년 7월 13일 에코프로의 3분봉을 통해 10시 24분경의 눌림목을 잘 찾아주었습니다. 두 가지 분봉

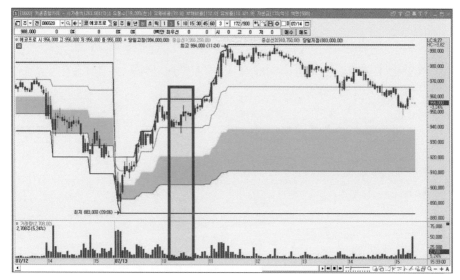

[3-38] 분봉 사등분선이 적용된 분봉 차트

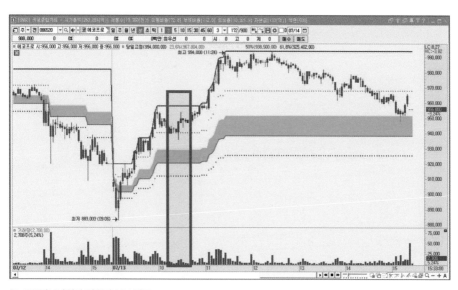

[3-39] 피보나치가 적용된 분봉 차트

눌림목 차트의 매수 타점은 기본적으로 연두색의 눌림목 구간이지만 그 이외의 지지 구간에서는 리스크를 감수하고 매매 시나리오를 만들어 대응하는 방법을 사용합니다. 매매 시나리오는 챕터 4에서 다루겠습니다.

한 대만 있어도 가능! 모니터 화면 설정

HTS의 기본적인 설정부터 일봉 차트와 분봉 차트 설정까지 모두 마쳤습니다. 이제 우리에게 남은 일은 종목을 선택하고 매수와 매도하는 일밖에 없습니다. 그런데 이런 의문이 들 수 있습니다. 유튜브를 보니 모니터를 몇 대씩 설치해서 매매하는 사람들도 있는데 나는 사정상 노트북 하나 또는 모니터가 하나밖에 없는데 괜찮을까?

그래서 준비했습니다. 스윙과 단타 매매도 모두 커버할 수 있는 노트북 모니터에 최적화된 매매 환경 구축을 소개합니다.

다음에 나오는 3-40의 화면 구성은 여러 대의 모니터를 사용할 수 없거나 노트북을 이용하여 매매하는 분들을 위하여 한 대의 모니터 크기에 맞춰 제가 사용하는 화면을 구성한 것입니다. 물론 제가 생각할 때 다양한 정보를 보며 빠르게 판단해야 하는 단타 매매에는 부족함이 있습니다. 하지만 이전에 매수해놓은 종목을 관찰하거나 시간을 두고 종가 매매 매수 대상 종목을 선택할 때는 크게 부족하지 않은 화면 구성입니다.

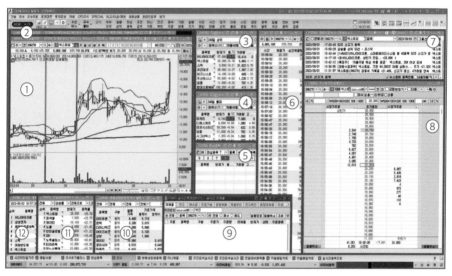

[3-40] HTS 화면 설정

① [0600] 키움종합차트: 일봉 캔들

② [0600] 키움종합차트: 분봉 캔들

③ [0156] 조건 검색식 1: 단타, 스윙 매매

④ [0156] 조건 검색식 2: 단타, 스윙 매매

⑤ [0130] 관심 종목: 단타 또는 스윙 종목 추적 관찰

⑥ [0120] 미니체결: 체결창 분석

⑦ [0700] 종합시황 뉴스(국내 뉴스): 당일 급등주 뉴스 체크

⑧ [8080] 주식 호가 주문 플러스: 호가창 분석 및 매매

⑨ [0345] 실시간 계좌 관리(T): 잔고 확인 및 미체결, 예수금 등 확인

⑩ [0193] 변동성 완화장치(VI) 발동 현황: 당일 시가를 기준으로 10% 이상 상승하여 2분간 동시호가 거래 중인 종목 발굴

⑪ [0181] 전일 대비 등락률 상위: 당일의 상승률을 기준으로 상승률이 높은 순서대로 종목이 정렬되어 나타나서 당일의 주도주를 쉽게 확인할 수 있음

⑫ [0198] 실시간 종목 조회 순위: 지금 HTS를 사용하는 사람들이 가장 많이 검색하는 종목 순위

스마트폰으로도 가능! MTS 차트 설정

유튜브와 스터디카페를 운영하며 많은 수강생분과 대화하다 보면 MTS로만 매매하는 분들이 많습니다. MTS는 스마트폰에서 사용할 수 있는 애플리케이션으로 증권사마다 각각의 앱을 출시하여 현재 모든 증권사가 스마트폰 매매를 지원하고 있습니다. 제가 주식투자를 처음 시작했던 2010년대 초반에는 스마트폰이 출시된 지 얼마 되지 않았기 때문에 MTS를 제공하지 않는 증권사도 있었고, MTS를 출시한 증권사들도 기능이 HTS에 비해 턱없이 부족하고 불안정한 시대였습니다. 하지만 HTS에서 사용하는 기능 대부분을 모바일에서도 구현 가능하도록 많이 업그레이드되었습니다.

키움증권의 모바일 MTS인 '영웅문S#'을 이용해 우리가 지금까지 HTS에서 설정한 차트를 쉽게 모바일로 옮겨보도록 하겠습니다. 물론 이 방법은 스마트폰에 영웅문S#을 다운로드한 후에 가능합니다. 영웅문S#은 안드로이드는 Play스토어, iOS는 앱스토어에서 다운로드받을 수 있습니다.

단, 빠른 차트 분석과 호가창 및 체결창을 필요로 하지 않는 단순 매수와 매도 기능을 사용한다면 크게 상관이 없습니다. 하지만 차트 분석을 통해 매매하거나, 빠르게 진행되는 단타 매매를 한다면 MTS로 거래하는 것은 추천하지 않습니다.

1. HTS에서 모바일로 설정 보내기

차트의 빈 곳에서 [마우스 오른쪽 버튼] 〉 [차트 환경 설정] 창을 실행합니다. [영웅문S# 내보내기] 탭을 눌러 이동 후 [일] 탭의 모든 항목에 체크하고 하단의 [보조지표 설정 내보내기] 버튼을 클릭합니다.

분봉 차트도 HTS에서 설정한 상태로 내보내기 위해 [분] 탭을 눌러 모든 항목에 체크하고 [보조지표 설정 내보내기] 버튼을 클릭합니다.

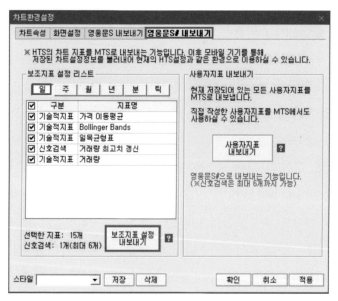

[3-41] [영웅문S# 내보기] 〉 [일] 탭 설정 화면

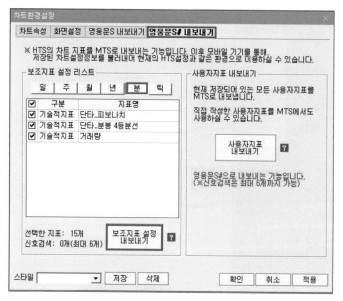

[3-42] [영웅문S# 내보기] > [분] 탭 설정 화면

2. MTS에서 설정 내려받기

스마트폰으로 영웅문S#에 로그인합니다. 하단의 [차트]를 선택하고 오른쪽 위 [메뉴(⋮)]를 선택한 뒤 [사용자 지표 내려받기]와 [보조지표 내려받기]를 각각 선택하여 이전에 내보내기 했던 HTS 설정을 MTS에 내려받습니다.

이제 내가 PC에서 HTS에 설정했던 지표는 MTS에 모두 저장되어 있습니다. 이제는 실제로 차트에 내려받은 지표들을 적용시켜 볼 차례입니다.

차트 왼쪽 상단의 [지표] > 하단의 [지표 설정]을 선택하여 [신호검색] 탭에서는 [거래량 최고치 갱신]을, [강세/약세] 탭에서는 [신고거래량 강세]를 불러옵니다.

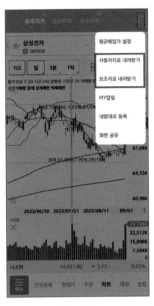

[3-43] MTS 차트에서 HTS 지표 내려받기

[3-44] [지표 설정] 적용하기

[3-45] 차트 설정 및 신호, 강세/약세가 적용된 MTS 일봉 차트

이제 HTS와 MTS 모두 같은 차트를 보며 매매할 수 있게 되었습니다. 준비는 모두 끝났습니다. 다음 챕터부터 본격적으로 수익 내는 매매 기법에 대해 알아보겠습니다.

Chapter
4

10분 만에 월급 버는
스윙 매매

하루 10분을 위해
필요한 기술

보통 주식 투자는 경제상식과 글로벌 이슈, 금리, 환율 등 엄청난 양의 공부를 해야 한다고들 합니다. 하지만 기술적 분석이라면 하루 단 10분만 투자해도 충분히 수익을 낼 수 있습니다. 그것이 바로 제가 기술적 분석 투자자가 되기로 한 이유였고, 실제로 10년이 넘도록 수익을 내고 있습니다. 다만, 10분 투자로 수익을 내기 위해서는 정돈된 기초 지식과 종목의 흐름 패턴을 익혀야 한다는 전제 조건이 있습니다.

이 챕터에서는 수년간 익혀온 저만의 매매 이론과 흐름 패턴들을 아주 자세히 설명해드리겠습니다.

오후 3시 20분과 3시 30분의 사이를 노려라

한국 주식시장은 오전 9시에 시작하여 오후 3시 30분에 마감합니다. 이를 정규시간이라고 하며 보통 투자자들은 이 정규시간에 매수와 매도를 합니다. 하지만 정규시간 외에도 생각보다 다양한 매매 시간대가 존재합니다. 크게 세 가지 유형의 매매 시간대가 있는데, 동시호가, 시간 외 종가, 시간 외 단일가입니다.

→ 국내 주식시장의 매매 시간대

구분		시간
정규시간		9:00~15:30
동시호가	장 시작 동시호가	8:40~9:00
	장 마감 동시호가	15:20~15:30
시간 외 종가	장전 시간 외 종가	8:30~ 8:40
	장후 시간 외 종가	15:40~16:00
시간 외 단일가		16:00~18:00

1. 동시호가

장전과 장후로 나뉘며 매수와 매도에 대한 주문만 받는 시간으로 모든 주문을 취합한 뒤 동시호가가 끝나는 시간에 한 번에 체결하는 방식입니다. 따라서 동시호가 시간대에는 매수와 매도 주문량에 따라 가격이 위아래로 움직이며, 동시호가가 끝나는 순간 체결가격이 결정됩니다.

동시호가는 장전과 장후 외에 장중에 발생할 수 있는 변동성 완화장치(VI)라는 개념이 존재합니다. VI는 2015년 상하한가 변동률

제한이 15%에서 30%까지 늘어난 시기에 투자자들을 보호하기 위해 생겨난 장치로, 시가 대비 위아래로 10%를 초과하는 움직임이 나타날 때 2분간 동시호가를 발동합니다. 그러면 2분간 거래가 정지되면서 급등락 흐름을 막아 투자자들의 과도한 손실을 막는 원리입니다. 이러한 동시호가를 정적VI 발동이라고 합니다. 그리고 10%의 초과 움직임이 나타나진 않았지만, 직전 체결된 가격에서 순간적으로 한 번에 많은 체결이 이루어져 급등락이 발생한 종목에 대해 발동한 VI를 동적VI라고 합니다.

동시호가 시간대에는 10분, 20분 그리고 2분간 수시로 가격이 움직입니다. 그런데 중요한 사실은 동시호가 동안은 주문만 가능한 시스템이기 때문에 많은 사람이 주문하기도 하지만, 그만큼 취소도 많이 합니다. 장 마감 동시호가에서 오후 3시 25분 정도에 봤던 가격이 29분부터 확 내려갈 수도 있고, 확 올라갈 수도 있다는 뜻입니다. 이처럼 동시호가 시간대에는 대량의 주문을 단번에 취소하는 일이 종종 발생합니다. 때문에 내가 원하는 체결가를 미리 예측하여 주문을 넣었지만 급등하거나 급락한 가격에 체결되는 경우도 종종 생깁니다. 이러한 거래량을 허매수 또는 허매도라고 합니다.

따라서 동시호가는 체결시간 1분 전부터 진짜 가격의 흐름이 시작된다고 볼 수 있습니다. 내가 원하는 가격이 맞는지 동시호가 시간대를 꾸준하게 지켜보다가 내가 원하는 가격이 왔다고 하면 1분 정도 남았을 때 주문을 넣고, 정각에 내가 원하는 가격에 체결되는지 확인하는 습관을 들여야 합니다. 이게 바로 동시호가에서 매매를 체결시키는 방법입니다.

2. 시간 외 종가

시간 외 종가는 동시호가와 마찬가지로 장전과 장후로 나누어집니다. 장전 시간 외 종가는 전일 종가 가격으로 오전 8시 30분~8시 40분까지 10분간 매매가 이루어집니다. 장후 시간 외 종가는 당일 종가 마감된 가격으로 오후 3시 40분~4시까지 20분간 매매가 이루어지는 방식을 말합니다. 가격이 이미 정해져 있기 때문에 주문 즉시 매매가 이루어지는 특징이 있습니다.

3. 시간 외 단일가

시간 외 단일가는 당일 장 마감 이후 오후 4시부터 10분 간격으로 동시호가 방식으로 매수와 매도 주문을 받은 뒤 한 번에 체결되는 방식입니다. 이 시간대에는 주로 장 마감 후 나오는 뉴스나 중요 공시가 나온 종목들에 가격 변동이 크게 작용하여 다음 날 오전 주가의 흐름에 많은 영향을 줍니다.

그렇다면 하루 10분 매매를 위해 우리가 매수해야 하는 시간대는 언제일까요? 바로 장 마감 동시호가 시간인 오후 3시 20분에서 3시 30분 사이, 그 10분입니다. 정규장 시간에 포함된 이 시간대는 10분 동안 하루의 흐름을 마감하고 당일 종가를 결정짓는 아주 중요한 시간대입니다. 따라서 장 마감 동시호가에서 결정된 종가에서 흐름을 이어 상승할 수 있는 종목을 선별해 매수한 뒤 내가 생각했던 수익률 또는 수익 금액에 도달하면 매도하는 매매법입니다.

왜 장중에 매수하지 않고 종가에 매수하는 걸까요? 장중 매수를 하게 되면 내가 원하는 가격보다 크게 변동될 가능성이 높기 때문입니다. 이는 매매의 특성과도 관련이 있습니다. 적당한 매수가격인지 아닌지를 판단할 수 있는 순간은 가격이 멈춰 있는 시간이기 때문입니다. 만일 내가 매수하고 싶은 종목의 적정 가격이 10,000원이라고 생각해서 오후 2시 30분에 10,000원에 매수했는데 갑자기 3시 30분에 크게 하락해서 9,000원 종가로 마감했다면 1,000원이라는 금액을 손해 보고 매수했다는 뜻입니다.

종가 근처인 오후 2시 30분부터 3시 20분까지는 하루 중 변동 폭이 가장 크게 발생할 가능성이 있는 시간대입니다. 때문에 그 변동 폭이 최소한이 되는 오후 3시 20분과 30분 사이에 매수하는 것이 최적의 매수 타이밍이 됩니다. 물론 반대로 내가 사고 싶은 가격보다 올라서 끝나는 경우도 있지만, 확률적으로 가격이 내려가서 끝나는 경우가 훨씬 많습니다. 때문에 종가 동시호가에 매수하는 것을 기준으로 하고 있습니다.

안전하고 안정적인 종가 스윙 매매

종가 매매에는 다양한 매매 방식이 있습니다. 그중 대표적인 방식이 종가 베팅 매매입니다. 베팅은 투자 금액의 비중을 싣는다는 뜻입니다. 따라서 매수할 때 반드시 다음 날 시초가 또는 장 초반에 상승 흐름이 나올 것으로 예상되는 종목을 선정해야 합니다. 투자 금액이 커서 가격이 상승하든 하락하든 무조건 매도 대응이 나와줘야 하기 때문입니다. 종가 베팅은 수익금이 상상 이상으로 클 수 있지만 손실 또한 같은 크기일 것이기 때문에 일반 투자자가 접근하기엔 상당한 리스크가 있습니다.

이와 반대로 종가 스윙 매매는 분할 매매를 기본 개념으로 접근합니다. 계좌의 투자금을 분할하여 여러 종목을 매매하고, 보유기간도 하루에서 최대 3개월 정도로 잡기 때문에 매수한 종목들에도 각각 추가 매수와 손절매 등의 계획을 미리 세워두고 매매에 접근합니다. 이러한 이유 때문에 리스크가 작고 계좌관리에 용이하지만, 수익 금액 또한 크지 않다는 단점이 있습니다. 하지만 일반인에게 가장 안전하면서도 안정적인 수익을 가져다줄 수 있는 기법이기 때문에 종가 스윙 매매를 권장합니다.

10분을 위해 준비해야 할 것

그렇다면 종가 매매를 성공시키기 위해서는 어떤 것들을 준비해야 할까요? 종가 매매는 내가 선택한 종목이 최소한 내가 산 가격보다 올라간다는 확신이 생기면 매수합니다. 100%는 아니지만 이 종목은 내일 또는 적어도 3개월 이내에는 내가 산 가격보다 반드시 올라갈 것이라는 확신이 필요합니다. 그래서 우리는 이 확신을 만들 수 있도록 공부해야 합니다. 주식 공부는 모두 다 이 확신을 가지기 위해서 하는 겁니다. 이를 위해 매일 오전과 오후에 어떤 일을 해야 하는지 알려드리겠습니다.

1. 매일 오전 미국 증시 마감 3줄 요약하기

미국 증시는 한국시간 오전 6시에 마감됩니다. 따라서 미 증시 3대 지수와 대형 종목들의 움직임 또한 이 시간이 지나면 확인할 수 있습니다. 우리는 미국 주식을 거래하는 것이 아니기 때문에 장 시간에 흐름을 살펴볼 필요는 없고, 장이 마감되는 오전 6시 이후 미국 증시를 요약해주는 요약뉴스를 읽는 것으로 대신할 수 있습니다.

우리나라 증시는 대부분 미국의 증시 분위기를 따라가고 있습니다. 같은 형태로 움직이는 모습을 경제용어로 '커플링'이라고 하는데, 미국 3대 증시 중 다우지수와 우리나라 코스피는 대체로 커플링의 형태를 띠고 있습니다. 따라서 요약뉴스를 통해 미국 시장의 악재나 분위기를 파악하는 공부를 매일 아침에 합니다. 요약뉴스는 네이버 증권 뉴스에서 찾아볼 수 있으며, 매일 오전 6시 전후로 요약뉴스가 올라옵니다. 각 신문사나 언론사, 특히 경제신문사 등의 홈페이지에서도 같은 요약뉴스를 볼 수 있습니다.

대부분의 요약뉴스에는 당일의 주요 지수 마감 현황, 미국 경제 시장에서의 이슈, 가장 이슈가 되는 종목들의 등락 현황 등을 구분하여 전해줍니다. 때문에 이러한 뉴스를 매일 아침 3줄 정도로 요약하는 연습만 해도 한 달 후에는 국제 경제와 미국 시장의 흐름에 대해 윤곽이 잡힐 것입니다.

이 공부의 효과는 미국의 주요 경제지표를 발표하는 것과 금리의 상승 또는 인하가 미국 주식시장에 미치는 영향을 알 수 있습니다. 또한 이러한 이슈가 한국 주식시장에 미치는 영향 또한 알 수 있게 되어 선별적인 대응을 할 수 있게 됩니다.

2. 매일 오후 당일 등락률 상위 Top 30 종목 공부와 테마 분류하기

두 번째로 매일 당일 등락률 상위 Top 30 종목에 대한 공부를 하는 것입니다. [[0181] 전일 대비 등락률 상위] 프로그램을 통해 매일 주식시장을 주도했던 종목들의 등락률 순위를 볼 수 있는데, 이를 기준으로 종목들이 상승했던 이유를 정리하는 것입니다. 이러한 이슈를 정리할 때 동일한 이유로 상승하는 종목들을 같은 테마주로 묶는 작업을 같이합니다.

매일매일 하루 30분에서 1시간 정도 한 달간 스스로 작성해보고 익숙해지면, 그다음부터는 책전주식 홈페이지나 네이버 책전주식 스터디카페에 정리된 내용을 쭉 읽는 식으로만 공부해도 됩니다. 이 연습이 되어 있는 상태에서 오늘의 종가 매매 대상 종목을 보게 된다면 당일 어떤 이유로 상승했고, 어떤 테마로 묶여 있다는 것이 바로 파악될 것입니다.

테마와 이슈는 시간차를 두고 꾸준히 반복되고 있으며, 큰 테두리 안에서 몇몇 종목이 추가되거나 빠지는 정도로 유지되고 있으니 반드시 해야 할 공부입니다.

공부법에 대한 영상은 유튜브 콘텐츠나 네이버 카페에 많이 게시되어 있고 꾸준히 업데이트되기 때문에 누구나 쉽게 따라 할 수 있을 것입니다. 항상 말씀드리지만 주식 투자 공부는 지금 시작해도 늦지 않습니다. 주식시장은 매일 꾸준히 평생 열릴 것이기 때문에 지금 바로 시작하는 것이 가장 빠른 시작입니다.

테마 분석은 기본적 분석법 중 하나이지만 주식시장의 흐름을 읽기에 가장 좋은 방법이고, 종목 선정에 유의미하기 때문에 기술적 분석만으로 투자하고 싶은 분들에게도 추천하는 공부법입니다.

1	[0181] 전일대비등락률상위								▶ 〓	〓 〓	〓 ⌨ T ?	_ 〓 ×

◉전체 ○코스피 ○코스닥 ◉상승률 ○상승폭 ○보합 ○하락률 ○하락폭 ☑상하한포함 거래대금 전체. ▼ 〓 조회

종목 ETF+ETN+스 ▼ 거래량 10만주이상 ▼ 신용 전체조회 ▼ 가격 전체조회 ▼ 시가총액 전체조회 ▼ ☑자동 ⚙

순위	분	신	종목명	현재가	전일대비	등락률	매도잔량	매수잔량	거래량	체결강도	횟수	L일봉H
1	신		태경산업	8,450 ↑	1,950	+30.00		466,805	16,173,711	99.10	1	▭
2	증		휴비스	6,480 ↑	1,495	+29.99		1,426,874	5,328,487	112.99	3	▭
3	신		씨티씨바이	14,310 ↑	3,300	+29.97		37,171	9,670,210	128.98	2	▭
4	신		아모센스	18,820 ↑	4,340	+29.97		230,546	5,324,469	107.43	2	▭
5			나인테크	4,815 ↑	1,110	+29.96		1,527,076	27,773,131	116.74	2	▭
6	신		코닉오토메	4,620 ↑	1,065	+29.96		1,335,301	14,194,481	103.60	2	▭
7	신		경동인베스	101,100 ↑	23,300	+29.95		26,042	720,673	96.75	2	▭
8			엑스페릭스	10,850 ↑	2,500	+29.94		322,902	1,403,698	117.09	1	▭
9	신		모베이스전	2,890 ↑	665	+29.89		525,539	27,430,765	85.28	1	▭
10	신		미래산업	8,090 ↑	1,860	+29.86		519,700	608,944	12.95	2	▭
11			큐리옥스바	24,150 ↑	5,550	+29.84		60,266	4,950,523	97.22	1	▭
12	신		티플랙스	4,610 ▲	1,055	+29.68	101,841	44,764	25,504,829	113.99	1	▭
13	신		센코	4,370 ▲	970	+28.53	332,193	341,626	15,062,302	118.07	2	▭
14	증		APS	11,050 ▲	2,370	+27.30	8,209	3,519	2,626,160	113.97	2	▭
15	신		한창	362 ▲	66	+22.30	42,890	135,617	10,623,839	127.20	1	▭

[4-1] [[0181] 전일 대비 등락률 상위] 화면

처음부터 빠르게 매수 종목을 분석하기는 어려울 것입니다. 따라서 오후 2시 30분 또는 적어도 3시부터는 종목을 선별해 이슈 테마를 찾아 정리하고, 매수 대상 종목을 선택한 뒤 10분간 가격 변동을 살펴보며 주문을 넣는 것을 추천합니다.

Tip

시간 외 단일가를 활용하자

종가 매매는 오후 3시 30분이지만 앞서 우리가 배웠던 시간 외 단일가(오후 4~6시)를 이용해 매수 대상으로 선정했던 종목을 더 낮은 가격에 매수할 수 도 있습니다. 하루 수십 종목이 실시간으로 상하한가를 기록하는 정규시장 외에 시간 외 단일가 시장은 말 그대로 정규시장이 종료된 후 나오는 특정

한 뉴스 또는 공시에 의해 급등락 사유가 발생하는 종목들에 한해서만 거래량을 동반한 유의미한 등락이 발생합니다. 이외의 종목들은 굳이 시간 외 거래를 통해 보유할 이유가 없으며, 대부분의 거래는 보유 투자자들이 개인 사유에 의하여 매도하는 경우가 많기 때문에 가격이 하락하는 편입니다. 따라서 시간 외 단일가 거래에서 가격 변동이 있는 종목의 수는 현저히 적고, 대부분의 종목은 가격이 내려갑니다. 따라서 종가 매수 대상으로 뽑아놨던 종목에서 큰 호재뉴스가 나오지 않는다면 대부분의 경우 가격이 내려갔을 때 매수할 수 있습니다.

시간 외 종가 매매의 한 가지 단점이라면 거래량이 많지 않을 수 있기 때문에 내가 1,000만 원 정도의 물량을 매수하고 싶어도 1,000만 원만큼의 매도 물량이 없어 전량 매수가 되지 않는 경우가 있습니다. 이렇게 되면 내가 원하는 가격에 살 수 없게 됩니다. 하지만 이런 경우는 극히 드물 것입니다. 왜냐하면 제가 매매하는 종목은 거의 하루 100만 주 이상 거래되는 종목들이기 때문에, 시간 외 단일가 거래에서도 웬만큼 거래량이 생기기 때문입니다. 그래서 시간 외 매수를 할 때 내가 생각했던 것보다 1~2% 아래에서 산다고 하면 그다음 날 보합으로만 시작해도 수익을 보고 시작하는 효과를 거둘 수 있습니다.

16

차트로 보는
종목의 생애주기

흐름을 알아야 주가가 보인다

차트에는 수많은 보조지표가 있습니다. 하지만 말 그대로 차트 분석을 도와주고 승률을 높여주는 '보조' 역할을 할 뿐, 그 지표가 수익을 책임지지는 않습니다. 따라서 보조지표를 맹신하기보다는 주식 종목의 흐름을 파악하고, 매매 타점을 잡는 데 활용하는 편이 훨씬 효과적입니다.

그렇다면 주식 종목의 흐름은 어떻게 파악할 수 있을까요? 보통 주식 종목의 흐름을 예상하는 방법은 없다고 하지만 10년이 넘는 시간 동안 투자해오면서 모든 주식 종목에 적용할 수 있는 특정 패턴을 발견했습니다. 이 패턴은 240일 이동평균선(이하 240일선)을 기준으로 모든 종목의 흐름을 예측하는 방법으로, 매수와 매도, 추가 매수와 손절매의 흐름까지 높은 확률로 예측할 수 있는 제 매매의 핵심 이론이기도 합니다.

이 패턴을 익히게 된다면 현재 내가 손실 중에 있는 종목이 흐름 패턴 중 어느 지점에 있는지, 그리고 이후 어떻게 대응해야 하는지, 어느 지점에서 추가 매수하거나 어느 지점에서 손절매해야 하는지도 모두 알 수 있게 됩니다.

흐름 패턴을 정의하기 위해서는 우선 240일선이 가지는 의미를 알아야 합니다. 240일선은 1년 동안의 종가 평균가격을 나타냅니다. 우리나라 주식시장에서 1년의 평균가격은 엄청난 의미를 갖습니다. 그 이유는 우리나라 대부분의 주식 종목 흥망성쇠는 1년 주기로 움직이기 때문입니다.

2022년 상반기 러시아-우크라이나 전쟁 발발로 크게 상승했던 '미래생명자원'이라는 종목을 예시로 설명해드리겠습니다(4-2).

앞서 차트 설정을 마쳤다면 [[0600] 키움종합차트]의 240일선이 굵은 파란색으로 표시될 것입니다. 2020년 3월 23일 이 종목의 최저가는 1,285원이며 이날의 240일선 가격은 3,237원입니다.

2020년 3월은 우리나라 주식시장에서 굉장히 상징적인 달입니다. 왜냐하면 주식시장에 상장되어 있는 90% 이상의 종목들이 2020년 3월 19일 또는 23일을 기점으로 코로나-19 팬데믹의 대폭락을 끝마치고 대세 상승장으로 돌려준 최저점을 기록한 날이기 때문입니다. 따라서 차트 분석을 하는 투자자들은 2020년 3월을 기점으로 과거 장과 현재 장을 구분하고, 모든 차트 분석을 현재 장 이후부터 시작하는 것이 좋습니다.

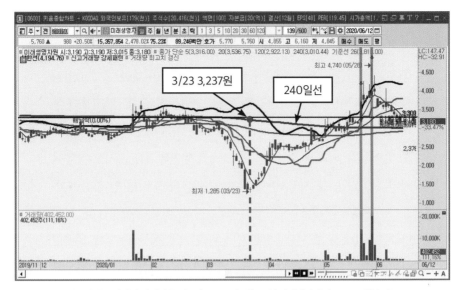

[4-2] 240일선을 하향 돌파하여 최저점을 기록한 2020년 3월 23일 미래생명자원(218150) 일봉 차트

흐름 패턴의 5가지 법칙

주가가 현재 어떤 위치에 있는지, 앞으로 상승할지 하락할지를
알려주는 흐름 패턴에는 5가지 법칙이 있습니다. 미래생명자원의
차트를 보며 흐름 패턴을 익혀봅시다.

흐름 패턴 제1법칙

240일선을 돌파할 때는 반드시 대량 거래량을 동반한다

코로나-19 대폭락 이후 대부분의 종목은 1년 평균가격인 240일
선을 하향 돌파하여 최저점을 이루고 있습니다. 이는 우리나라 시
가총액 1위의 삼성전자도 예외가 아니었습니다.

240일선을 하회하던 미래생명자원은 2020년 5월 대량 거래와 함께 240일선 가격을 상향 돌파하는 흐름을 보입니다. 우리는 이때 종목의 변화를 느껴야 합니다. 왜냐하면 1년간의 가격, 즉 240일의 평균가격을 이 종목의 가치라고 볼 때, 1년 동안의 평균가격보다 아래 있다는 뜻은 1년 동안 이 종목의 가치보다 현재의 가치가 낮다는 뜻입니다. 따라서 오늘의 가치가 1년 동안의 평균가격보다 높아지기 시작하는 그 시점, 즉 주가가 240일선을 넘어서는 시점이 바로 그 종목이 가치를 가지기 시작하는 시점이라는 뜻입니다. 이러한 시점에 대량 거래를 동반한 엄청난 양의 돈이 이 종목에 들어왔다는 것은 누군가가 이렇게 낮은 가치의 종목에 막대한 돈을 쓰며 주식을 사 모으기 시작했다는 뜻입니다.

240일선의 아래에 있는 종목들은 대부분 이전 대세 상승을 끝마친 뒤 시장의 관심에서 소외받은 종목들입니다. 때문에 소외된 종목에 대량 거래량이 들어왔다는 사실은 당연히 하락 추세를 반전시킬 만한 큰 변곡점을 만들 수 있습니다.

미래생명자원 같은 경우 240일선이 돌파된 당일의 거래량은 이전 기간의 평균 거래량과 비교하면 상당히 많은 거래량임을 알 수 있습니다. 또한 이날은 고점으로 240일선 돌파를 시도한 뒤 종가를 240일선 아래에 둔 240일선 하위 패턴으로 볼 수 있습니다. 240일선 하위 패턴은 240일선 돌파가 한 번에 이루어지지 않는 모습으로, 240일선의 돌파가 곧 이루어질 것이라고 예측하는 신호 중 하나입니다. 240일선과 관련된 매매 패턴과 종목 선정 방법은 이후에 다룰 것이므로 지금은 흐름 속에서 패턴을 찾아가는 데 집중해보겠습니다.

미래생명자원은 2020년 5월, 240일선 돌파 패턴과 240일선 하위

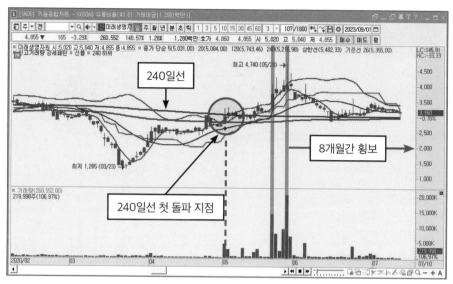

[4-3] 240일선을 상향 돌파할 때 대량 거래를 동반한다.

패턴을 보인 뒤 장대음봉 거래량을 동반한 최고점을 세우고 2021년 1월 240일 고점을 다시 돌파하기까지 약 8개월간 장기간 횡보하게 됩니다. 여기서 중요한 개념이 하나 나옵니다.

흐름 패턴 제2법칙

240일선을 돌파한 뒤에는 반드시 횡보 구간이 나타난다

거래량이라는 것은 돈입니다. 그렇기 때문에 돌파할 때는 반드시 돈이 같이 들어와야 합니다. 거래량이 동반된 흐름이 240일선을 돌파합니다. 그런데 여기서 한 가지 중요한 점이 있습니다. 240일선을 돌파한 직후 고점을 형성하면 그 고점을 기준으로 반드시 일정 기간 이상 횡보에 들어간다는 것입니다. 여기서는 고점이 5월 28일이 되겠죠. 240일선을 5월 초부터 쭉 치고 올리면서 거래량을 동반하

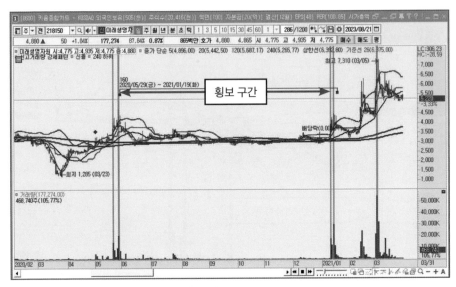

[4-4] 240일선을 돌파한 뒤 약 8개월을 횡보하는 모습

고 고점까지 한 번에 상승했습니다. 그 뒤에 다시 거래량이 줄면서 240일선까지 주가가 하락한 후 횡보 상태로 들어가게 됩니다.

240일선을 대량 거래로 돌파하는 흐름에는 다양한 패턴들이 존재합니다.

① 240일선 하위 패턴: 240일선을 기준으로 대량 거래량이 들어왔지만 현재가와 240일선과의 차이가 너무 커 한 번에 240일선을 돌파하지 못하는 경우

② 240일선 신돌 패턴: 240일선을 대량 거래로 돌파한 뒤 그 시세가 눌림 없이 대세 상승으로 이어지는 경우

③ 240일선 돌파 및 사등분선 패턴: 240일선을 돌파하고 고점을 형성한 뒤 시세가 꺾여 다시 240일선 쪽으로 주가가 회귀하여 장기간 횡보하는 경우

이렇게 세 가지로 분류된 240일선 돌파 패턴 중 ①, ②가 240일선을 돌파하는 순간 매매로 접근할 수 있는 방법입니다. ③의 경우는 장기 횡보가 예상되기 때문에 바로 매매로 접근하지 않고 고점과 저점을 기준으로 사등분선이라는 보조지표를 통해 눌림점을 예상한 뒤 매수에 접근하는 방법으로 사용할 수 있습니다.

미래생명자원은 240일선 돌파 후 고점을 형성한 뒤 장기 횡보 패턴을 보이고 있기 때문에 ③에 해당한다고 할 수 있습니다. 따라서 우리는 2020년 5월 미래생명자원을 사등분선 매매 관심 종목으로 편입해놓고 추적 관찰을 시작합니다.

흐름 패턴 제3법칙

240일선을 돌파할 때 만들어진 고점을 다시 한번 대량 거래를 동반하며 돌파할 때 대세 상승으로 이어질 가능성이 매우 크다

사등분선상의 고점(머리)을 돌파할 때 또는 사등분선상 눌림 타점을 잡기 위해서 추적 관찰한 8개월 동안 특별한 거래량 없이 계속해서 박스권을 그리면서 횡보합니다. 그러다 시간이 어느 정도 흐른 2021년 1월 다시 한번 거래량을 동반한 어마어마한 상승이 시작됩니다. 2020년 5월에 처음 240일선을 돌파할 때 만들었던 고점을 다시 한번 갱신하는 시도가 시작되고, 드디어 2021년 2월 15일 4,740원을 돌파하는 순간 240일선 상위 패턴으로 연결됩니다.

240일선 상위 패턴이란 240일선을 돌파할 때 만들었던 고점을 일정 기간 횡보를 지나 다시 한번 대량 거래량을 동반한 상승으로 돌파할 때 대세 상승으로 이어질 수 있는 가능성이 매우 큰 흐름입니다.

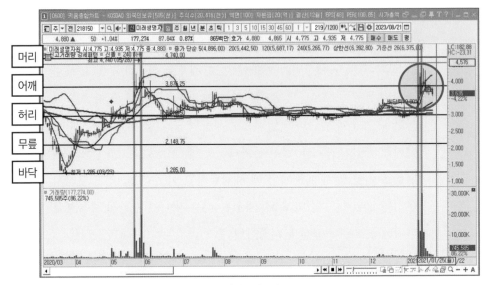

머리

어깨

허리

무릎

바닥

[4-5] 240일선 돌파 이후 횡보 구간에 사등분선이 적용된 모습

흐름 패턴 제4법칙

240일 상위 패턴 뒤 나타나는 횡보 기간은 일목균형표상 26일 기준선을 지지하고 다시 상승할 가능성이 매우 크다

2021년 2월 15일 4,740원을 돌파해서 종가상 4,780원을 기록한 이날 우리는 종가 매수를 할 수 있습니다. 하지만 사실상 이날의 4,780원은 상한가 가격이기 때문에 종가 매수가 불가능합니다. 따라서 다음 날 크게 슈팅을 주며 수익을 내는 흐름을 놓치게 됩니다.

하지만 240일선 상위 패턴이 시작된 이후 반드시 지켜봐야 하는 흐름이 있습니다. 즉 거래량이 급감하며 지지점을 만들면서 반등하게 되는 자리인 일목균형표상 26일 기준선 자리입니다.

2021년 2월 18일부터 3월 3일 반등이 나올 때까지 주가는 일목균형표상 26일 기준선 자리에서 한참을 횡보하다가 3월 3일 26일

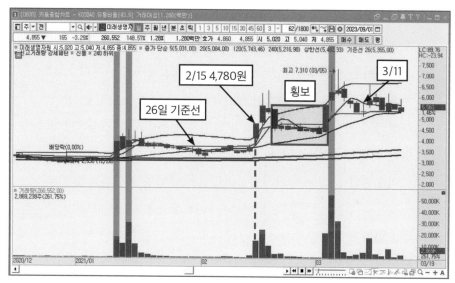

[4-6] 일목균형표 26일 기준선을 지지하고 상승하는 모습

기준선에서 반등이 나온 양봉이 나오는데, 이후 챕터에서 다루겠지만 고점을 갱신한 종목의 26일 기준선 눌림에서 매수하는 기준은 26일 기준선을 회복하거나 지지하는 양봉에서 매수하는 것이므로 매수 기준에 부합하는 날입니다. 하지만 상한가를 기록했으므로 또 한 번 매수 기회를 놓치게 됩니다.

3월 4일 다시 한번 고점을 갱신한 이 종목은 이후 최고가 7,310원을 형성한 뒤 다시 한번 하락하기 시작합니다. 7,310원이 다시 한번 갱신될 때 또 매수 대상이 됩니다. 이렇게 종가상 전고점을 돌파할 때 매수한다고 보고, 매수 이후 일정 수준 이상의 수익을 준다면 매도하면서 이 대세 상승을 추적 관찰하면 됩니다. 3월 11일에 26일 기준선을 양봉으로 지지하는 흐름이 나왔으므로 이곳에서 매수할 수 있으며, 다음 날인 3월 12일 22% 이상 상승하며 수익 구간을 만들어주었습니다. 이제는 7,310원이 새로운 기준이기 때문에 이 가격을 돌파하는 흐름이 나올 때까지 매매하지 않습니다.

3월 이후 계속해서 박스권을 그리면서 횡보하지만 여전히 7,310원을 돌파하는 흐름은 나오지 않았습니다. 4월 말에 큰 거래량을 동반한 상승이 나왔지만 직전 고점에 미치지 못했습니다. 이러한 흐름은 대세 상승이 끝났음을 암시합니다.

이후 8월 13일 우상향하는 240일선과 우하향하는 캔들이 서로 접점을 이루는 날이 옵니다. 이날은 대세 상승을 끝마치고 다시 한번 240일선 아래로 주가가 빠지기 전 마지막 반등을 주는 시점으로 터치앤고 패턴이 발생하는 날입니다.

흐름 패턴 제5법칙

240일 상위 패턴이 지속하던 고점 갱신이 멈추면 긴 하락 횡보 끝에 상승하는 240일선과 하락하는 캔들이 만나는 순간 마지막 반등이 나올 가능성이 크다

터치앤고 패턴이란 대세 상승을 끝마친 종목이 240일선 위쪽에 위치해 있다가 최초로 240일선과 만나는 시점에 마지막 반등을 주며, 이 반등에서 짧게 수익을 실현하고 나오는 패턴을 말합니다.

7,310원을 만든 뒤 6개월 정도 하락 횡보하다가 240일선을 터치하는 순간, 이제는 이 시세가 끝났다고 판단합니다.

터치앤고 패턴이 마무리되는 2021년 10월에 또다시 거래량을 동반하여 240일선을 돌파하지만, 240일선이 상승하고 있는 시점의 240일선 돌파는 또다시 대세 상승으로 이어질 가능성이 낮은 위치

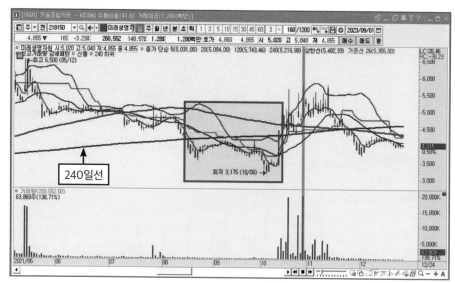

[4-7] 상승하는 240일선과 하락하는 캔들이 만나는 시점의 반등 터치앤고 패턴

입니다. 저는 이 구간의 240일선 돌파에 대해서는 추적 관찰을 하지 않습니다. 간혹 이러한 짧은 반등을 세력의 설거지라고도 표현하며, 이는 대세 상승에 남은 잔량을 손해 보지 않고 매도하기 위해 개미투자자들을 꼬시는 패턴이라고 설명됩니다.

그 후 주가는 240일선 아래쪽에서 횡보한 뒤 2022년 1월 다시 한번 240일선을 대량 거래를 동반하여 돌파합니다(4-8). 이때의 상승은 러시아-우크라이나 전쟁 발발로 인한 국제 밀 가격 폭등으로 사료 및 곡물 관련 주가 상승하면서 발생했습니다. 이 테마주의 가장 최전선에 미래생명자원이 거론되면서 이전에 만들었던 대세 상승보다 압도적으로 큰 상승을 만들며 이전에 세워두었던 7,310원의 전고점을 돌파하고, 중간중간 일목균형표의 26일 기준선을 지지하며 끝없이 주가를 상승시키는 모습을 보인 것입니다.

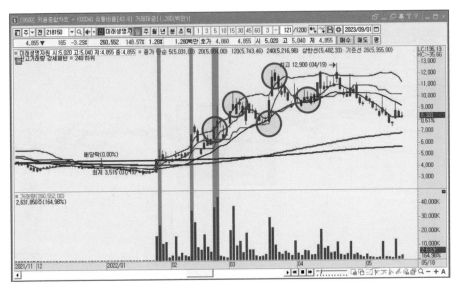

[4-8] 미래생명자원(218150), 러시아-우크라이나 전쟁 테마로 묶이면서 엄청난 대세 상승을 하는 모습

사실 이렇게 차트상 흐름 패턴을 이용하여 상승을 예측할 수는 있지만 상승의 규모는 해당 종목이 소속된 테마나 이슈의 확장성에 달려 있는 경우가 많습니다.

다시 한번 흐름 패턴을 정리하자면 주가가 상승을 시작하기 위해서는 ① 반드시 240일선을 돌파할 때 대량 거래를 동반해야 하고, ② 240일선을 돌파하며 만든 고점을 기준으로 일정 기간 동안 하락 횡보하며, ③ 그 고점을 다시 한번 돌파할 때 대량 거래량이 동반된다면 대세 상승이 나올 수 있습니다. ④ 대세 상승이 진행 중일 때 눌림 파동의 저점으로 26일 기준선을 활용하며, ⑤ 대세 상승이 끝난 종목이 240일선을 향해 하락할 때 240일선을 최초로 터치하는 시점에 다시 반등이 나올 수 있다고 마무리할 수 있습니다.

흐름에 취하지 마라

흐름 패턴 매매를 할 때 주의할 점이 있습니다. 모든 패턴이 다 상승을 주는 것이 아니며, 상승을 준다고 하더라도 그 상승이 언제까지나 유지되지 않습니다. '240일선을 돌파하는 순간 매수한 뒤에 대세 상승의 최고점까지 보유하면 수십에서 수백 퍼센트의 수익을 낼 수 있지 않을까?'라고 생각하는 분들이 많을 겁니다. 결과적으로 상승하더라도 그 기간 동안 수많은 파동을 그리며 상승과 하락을 반복할 것이기 때문에 상승분 모두를 취할 순 없습니다. 따라서 상승을 무리하게 예측하여 하락에서 손절매 또는 수익실현을 하지 않고 버틴다면 더 큰 문제가 발생할 수 있습니다.

버티는 매매를 하다 보면 생각보다 큰 수익을 얻는 경우도 있지만, 그러한 수익을 본 경험 때문에 작은 수익 또는 하락이 지속하는 상황에서도 매도하지 않는 나쁜 매매 습관을 갖게 됩니다. 이는 결국 모든 매매가 손실로 끝나버리는 결과를 초래하게 됩니다. 그렇기 때문에 제가 지향하는 매매는 매수 후 저항점에서 반드시 매도하는 것입니다. 수익률 5~10% 정도에서 매도를 꾸준하게 하거나 3% 또는 1%까지도 자동으로 매도할 수 있는 시스템을 구축할 필요가 있습니다. 이러한 매매 스타일은 아주 대박도 없지만 아주 깡통도 없습니다.

흐름 패턴을 현재 가지고 있는 종목이나 관심 있게 보는 종목에 대입해보세요. 240일선을 기준으로 최초 돌파된 흐름부터 시작해서 돌파할 때 거래량을 동반했는지, 돌파할 때 세웠던 그 고점을 뚫어주는 대세 상승이 있었는지, 대세 상승 중에 눌릴 때 기준선에서 눌림을 주고 반등했는지, 또 가장 중요한 내가 매수했던 시점이 그 흐름 가운데 어디인지 등을 생각해보며 분석해보시기 바랍니다.

다음 챕터부터는 사등분선 패턴을 포함한 흐름 패턴에서 다루었던 모든 패턴의 종목 선정과 매매 방법 그리고 매매 팁을 자세하게 다뤄보겠습니다.

240일선 하위 패턴 매매의 법칙

240일선 하위 패턴 종목 검색식

240일선 하위 패턴은 흐름 패턴이 나타내는 종목의 생애주기 중 '생'에 해당하는 패턴입니다. 말 그대로 240일선의 돌파에서부터 모든 패턴이 파생되는데, 그중 240일선 하위 패턴은 240일선의 돌파 직전의 흐름으로 실제적으로 당일에 종가상 240일선을 돌파하지 못했지만 대량 거래를 동반하여 고점을 240일선 위로 올려 돌파 직전의 흐름을 시작하는 패턴입니다. 따라서 240일선의 돌파가 단기간에 이루어질 확률이 매우 크므로 당일 매수하여 시세차익을 노리는 매매 패턴입니다.

우선 오늘의 시가가 240일선 아래에서 시작하여 장중 시간에 240일선을 돌파하여 갱신한 뒤 종가상 240일선 밑으로 다시 내려와야 합니다. 이때 일봉 캔들의 모습은 고점 대비 종가가 낮기 때문에 윗꼬리가 달린 모습을 한 양봉이어야 합니다. 240일선 부근의 긴 윗꼬리나 장대음봉은 세력의 이탈이 아닌 세력의 매집으로 보고 추가적인 상승을 기대할 수 있는 의미 있는 캔들로 판단합니다. 하지만 가장 중요한 것은 이러한 캔들이 발생할 때 기존에 있던 거래량 대비 엄청나게 많은 거래량이 발생해야 한다는 것입니다.

우리가 이 패턴에 대입하기 위해 주식시장에 상장되어 있는 2,000여 종목을 일일이 확인하여 조건에 대입하는 것은 물리적으로 불가능한 일입니다. 하지만 키움증권의 조건 검색 기능을 활용하면 조건에 맞는 종목을 자동으로 찾을 수 있습니다. 그리고 이를 통해 하루 10분 매매를 할 수 있습니다.

1. 조건 검색식 만들기

영웅문4의 메뉴에서 [주식] 〉[[0150] 조건 검색] 프로그램을 열고 중간에 위치한 [조건식 새로 작성] 〉상단의 [대상 변경]을 차례로 클릭합니다. [대상 변경] 창이 뜨면 업종에서 [전체]를 해제하고 [거래소], [코스닥]에 체크합니다. 그리고 제외 종목에서 [관리종목], [투자경고], [위험], [우선주], [거래정지], [정리매매], [환기종목], [투자주의], [불성실공시기업], [ETF], [스팩], [ETN]을 선택하여 우리가 검색할 종목에서 제외합니다.

이러한 요소들은 스윙 투자를 하기에 적절하지 않은 조건들로, 리스크를 최소화하기 위하여 선택적으로 제거해주는 역할을 합니다. 이러한 제외 종목 조건은 앞으로 우리가 만들 검색식에 대부분 공통적으로 적용되기 때문에 외워두면 좋습니다.

[확인] 버튼을 클릭해 [대상 변경] 창을 닫고 왼쪽 [조건식] 항목

에서 다음의 조건들을 찾아 하나씩 추가합니다. 더블클릭하면 오른쪽 화면에 조건이 추가되고 상세조건을 수정할 수 있습니다. [수정] 버튼을 누르면 수정된 조건의 조건식이 만들어집니다.

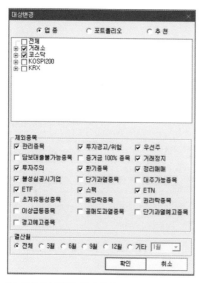

[4-9] [대상 변경] 설정 화면

⊙ 240일선 하위 패턴 매매를 위한 조건 검색식

조건식 검색	지표	내용
주가비교	A	주가비교: [일]0봉전 종가 > 0봉전 시가
주가이동평균비교	B	주가이평비교: [일]0봉전 (고가 1)이평 > (종가 240)이평 1회 이상
	C	주가이평비교: [일]0봉전 (종가 1)이평 < (종가 240)이평 1회 이상
기간내 거래량비율	D	기간내 거래량비율:[일] 0봉전 1봉이내에서 전봉거래량대비 1000% 이상 1회 이상
평균거래량	E	[일] 1봉전 120봉 평균거래량 0 이상 500000이하
시가총액	F	시가총액: 현재가기준 100십억원 이상
조건식		A and B and C and D and E and F

모든 조건을 입력한 뒤 [내 조건식 저장] 버튼을 클릭하고 [사용
자 정의 조건 저장] 창에서 [저장할 조건명]에 '240일 하위 패턴'을
입력한 뒤 [확인] 버튼을 누릅니다.

만약 조건식을 잘못 추가했다면 지표 창의 [삭제(×)] 버튼을 누
르면 삭제할 수 있습니다.

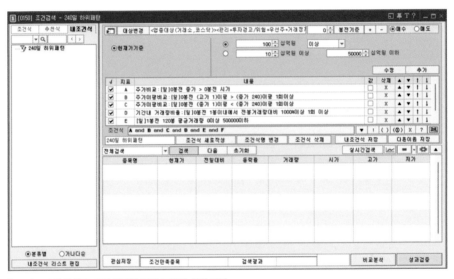

[4-10] 240일선 하위 패턴 매매를 위한 조건식 설정 화면

2. 240일선 하위 패턴 검색식 설명

일단 만들라고 해서 만들었는데, 왜 이런 검색식이 필요한지 궁
금하다면 이제 하나씩 설명해드리겠습니다.

① A, 주가 비교: [일] 0봉 전 종가 > 0봉 전 시가

주가 비교 항목의 [일]은 일봉을 뜻합니다. 0봉 전은 오늘을 뜻하

며 0봉 전 종가가 0봉 전 시가보다 크다는 말은 오늘의 종가가 오늘의 시가보다 크다, 즉 양봉 캔들을 의미합니다.

② B, 주가이평 비교: [일] 0봉 전 (고가 1) 이평 > (종가 240) 이평 1회 이상

주가이평 비교는 주가와 이동평균선의 위치를 비교한 조건 검색식입니다. [일] 봉상 (고가 1) 이동평균선(당일의 고가)이 (종가 240일) 이동평균선(당일의 종가상 240일선의 가격)보다 크다는 뜻입니다. 앞서 설명해드린 기본 조건에서 당일의 고점이 240일선을 돌파한 모습을 조건화했습니다.

③ C, 주가이평 비교: [일] 0봉 전 (종가 1) 이평 < (종가 240) 이평 1회 이상

[일] 봉상 (종가 1) 이동평균선(당일의 종가)이 (종가 240) 이동평균선(당일의 종가상 240일선의 가격)보다 작다는 뜻입니다. 앞서 설명해드린 기본 조건에서 당일의 종가가 240일선 아래에 위치한 모습을 조건화했습니다.

지표 A~C가 모두 적용된 검색식은 240일선 아래에서 시가가 형성되어 고점으로 240일선을 돌파한 뒤 종가상 240일선 아래에서 마무리된 캔들이 있는 모든 종목을 검색하게 됩니다.

④ D, 기간 내 거래량 비율: [일] 0봉 전 1봉 이내에서 전 봉 거래량 대비 1000% 이상 1회 이상

[일] 봉상 0봉 전 1봉 이내는 당일을 뜻합니다. 즉 당일의 거래량이 전일에 형성된 거래량 대비 1,000% 이상 터진 종목을 뜻합니다.

만일 어제 거래량이 7만 2,000주라면 오늘은 72만 주 이상이 되어야 합니다.

기본적인 조건에서 '거래량이 많이 발생한 종목'을 선택해야 한다고 했지만 실전에서 쓰이는 검색식에서는 구체적으로 어제보다 10배 많은 거래량이 터진 종목을 선정해야 한다고 정해주었습니다. 이러한 수치는 수많은 경험적인 요소를 적용한 것으로 무조건 10배 이상 거래가 터진 종목이 상승한다가 아닌, 상승 확률이 높아진다는 뜻으로 받아들이면 좋을 것 같습니다.

⑤ E, [일] 1봉 전 120봉 평균 거래량 0 이상 500000 이하

[일] 봉상 1봉 전(어제) 기준 120봉(6개월) 동안의 평균 거래량은 50만 주 이하여야 한다는 조건입니다. 6개월 안에 100만 주의 거래량이 터진 날이 있을 수도 있겠지만 120일 동안의 모든 거래량을 평균한 결과 50만 주 미만이라면, 대세 상승 이후 240일선 아래로 캔들이 하락하며 시장의 관심에서 멀어진 종목이라는 뜻입니다. 6개월 동안 시장의 관심을 받지 못했던 종목이 오늘 처음으로 시장의 관심을 받기 시작했다는 뜻으로, 오늘 240일선을 종가상으로 돌파하지는 못했지만 단기간 안에 충분히 240일선을 돌파할 확률이 높다는 뜻이 내포되어 있는 조건입니다.

⑥ F, 시가총액: 현재가 기준 100십억 원 이상

종목의 시가총액은 현재가 기준 1,000억 원 이상인 종목이어야 한다는 조건입니다. 1,000억 원이라는 숫자는 내가 보유하게 될지도 모르는, 향후 6개월 동안 적어도 재무상으로 상장폐지 사유가 발

생하지 않을 정도 규모의 종목을 대상으로 한다는 뜻이 내포되어 있습니다. 하지만 1,000억 원 이상의 시가총액이라고 하더라도 무조건 안전한 것은 아니며, 상장폐지 사유 또는 돌발 악재(횡령, 배임, 기타 재무상 리스크)로 인하여 거래정지 사유가 발생할 수 있음을 유의해야 합니다.

240일선 하위 패턴 매매 방법

장 마감 동시호가가 시작되는 시점인 오후 3시 20분에 '240일 하위 패턴' [[0156] 조건 검색 실시간]을 실행시켜 검색된 종목을 검토하여 최종 종목을 선택합니다. 매일매일 검색되는 종목의 수는 다르며 많은 종목이 검색된 날은 내 계좌 상황에 맞게 매수하는 종목의 수를 조절해야 합니다.

거래량 조건에 특정한 수치는 없으나 거래량이 적은 종목보다 100만 주 이상의 거래량이 터진 종목을 우선적으로 선별하는 것이 상승할 확률이 높습니다.

[4-11] [[0156] 조건 검색 실시간] 창 화면

240일선 하위 패턴 종목의 예시

제일파마홀딩스는 하위 패턴에 부합하는 2023년 4월 4일 매수 후 5월 초 급등하여 240일선을 돌파했습니다(4-12).

노루페인트는 하위 패턴에 부합하는 4월 10일 매수 후 4월 19일 급등하여 240일선을 돌파했습니다(4-13).

NPC의 경우 하위 패턴에 부합하는 7월 20일 매수했지만 아직 240일선 돌파가 이루어지지 않아 매도하지 못했습니다(4-14).

240일선 하위 패턴의 수익실현 조건은 스윙 투자의 기본적인 수익 구조인 수익 구간 1~3%의 자동 매도 시스템 구축 또는 수익 구간 5~10% 사이에 전량 매도 마무리입니다. 예시 종목 중 대부분이

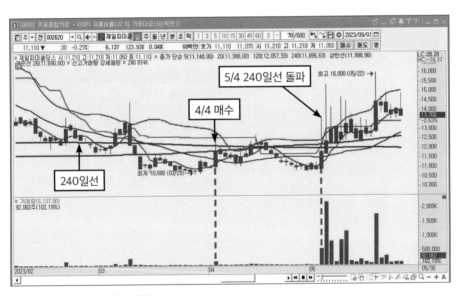

[4-12] 2023년 4월 3일 제일파마홀딩스(002620)

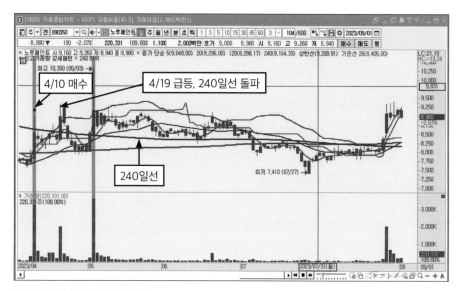

[4-13] 2023년 4월 10일 노루페인트(090350)

[4-14] 2023년 7월 20일 NPC(004250)

최대 수익 구간 이상 상승했지만 NPC와 같이 매수 시점 이후 단 한 번도 수익 구간을 주지 않은 종목들도 있습니다. 따라서 이러한 종목들은 반드시 첫 매수 시점부터 분할 매수 타점과 손절매 타점을 미리 계획하고 보유해야 합니다.

240일선 하위 패턴 매매의 분할 매수 타점은 이후 사등분선 매매의 법칙에서 자세히 다룰 것이며, 손절매에 대한 모든 원칙은 계좌 관리법에서 다룰 예정입니다.

240일선 돌파 패턴 종목 검색식

240일선 돌파는 240일선 하위 패턴의 연장선에 위치하고 있습니다. 사실 저는 240일선을 당일 돌파하는 종목을 스윙 투자 매매 대상 종목으로 보지 않습니다. 240일선을 당일 돌파하는 종목은 캔들의 위치상 바로 급등이 나오는, 다시 말해 시세차익을 노릴 만한 구간이 바로 나타나지 않을 확률이 크기 때문입니다. 대신 이러한 종목을 검색식을 통해 찾아내서 차트를 분석합니다. 그리고 추적 관찰할 종목들을 선별해서 관심 종목에 편입하여 사등분선 매매법을 통해 매수를 진행하고 있습니다. 따라서 240일선 돌파 매매의 검색식은 비교적 간단하며, 이 검색식에서 나온 종목을 어떤 식으로 분석하는지에 대해 설명하겠습니다.

1. 조건 검색식 만들기

[[0150] 조건 검색]에서 [조건식 새로 작성] 〉 상단의 [대상 변경]을 클릭합니다. [대상 변경] 창이 뜨면 업종에서 [전체]를 해제하고 [거래소], [코스닥]에 체크합니다. 그리고 제외 종목에서 [관리종목], [투자경고], [위험], [우선주], [거래정지], [정리매매], [환기종목], [투자주의], [불성실공시기업], [ETF], [스팩], [ETN]을 선택하여 우리가 검색할 종목에서 제외하고 [확인]을 클릭합니다.

[조건식] 항목에서 다음 조건들을 찾아 하나씩 추가해나갑니다.

→ 240일선 돌파 패턴 매매를 위한 조건 검색식

조건식 검색	지표	내용
주가비교	A	주가비교: [일] 0봉전 시가 < 0봉전 종가
주가이동평균돌파	B	주가이평돌파: [일] 0봉전 (종가 1)이평 (종가 240)이평 골든크로스
일목균형표 -기준선 비교	C	[일] 0봉전 일목균형표(9, 26, 52) 기준선 < 주가
시가총액	D	시가총액: 현재가기준 100십억원 이상
주가범위	E	주가범위: 0일전 종가가 1000 이상 99999999 이하
거래량	F	[일] 거래량: 300000 이상 999999999 이하
조건식		A and B and C and D and E and F

모든 조건을 입력한 뒤 [내 조건식 저장] 버튼을 클릭합니다. 그리고 [사용자 정의 조건 저장] 창에서 [저장할 조건명]에 '240일 돌파 패턴'을 입력한 뒤 [확인] 버튼을 누릅니다.

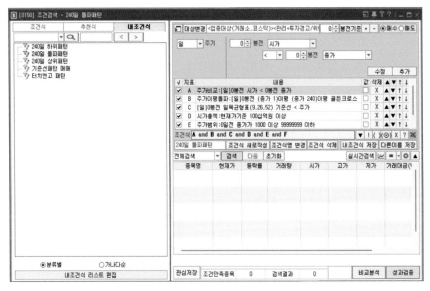

[4-15] 240일 돌파 패턴 매매를 위한 조건식 설정 화면

2. 240일선 돌파 패턴 검색식 설명

① A, 주가 비교: [일] 0봉 전 시가 < 0봉 전 종가

주가 비교 항목의 [일]은 일봉을 뜻합니다. 0봉 전은 오늘을 뜻하며 0봉 전 종가가 0봉 전 시가보다 크다는 말은 오늘의 종가가 오늘의 시가보다 크다, 즉 양봉 캔들을 의미합니다.

② B, 주가이평 돌파: [일] 0봉 전 (종가 1) 이평 (종가 240) 이평 골든크로스

주가이평 돌파는 주가가 이동평균선의 가격을 상향 또는 하향 돌파하는 모습을 포착하는 조건 검색식입니다. [일] 봉상 0봉 전(당일) (종가 1) 이동평균선(당일 종가)이 (종가 240일) 이동평균선(당일 종가 상 240일선의 가격)을 골든크로스(상향 돌파)한 종목을 검색하라는 의미입니다. 당일의 종가가 240일선을 돌파한 모습을 조건화했습니다.

③ C, [일] 0봉 전 일목균형표(9, 26, 52) 기준선 < 주가

[일] 봉상 0봉 전(당일) 일목균형표(9, 26, 52) 기준선보다 주가가 크다는 항목입니다. 일목균형표의 9, 26, 52라는 수치는 각각 전환선, 기준선, 스팬선에 쓰이는 수치로 우리는 26일 기준선의 수치를 사용하므로 26일 기준선보다 주가가 위쪽에 위치해 있어야 한다는 조건을 표현한 것입니다. 26일 기준선은 일목균형표 이론에서도 가장 중요한 이론이기 때문에 26일 기준선을 이미 돌파한 종목인지 아닌지를 판단하는 조건입니다.

④ D, 시가총액: 현재가 기준 100십억 원 이상

종목의 시가총액은 현재가 기준 1,000억 원 이상인 종목이어야 한다는 조건입니다. 1,000억 원이라는 숫자는 내가 보유하게 될지도 모르는, 향후 6개월 동안 적어도 재무상으로 상장폐지 사유가 발생하지 않을 정도 규모의 종목을 대상으로 한다는 뜻이 내포되어 있습니다. 하지만 1,000억 원 이상의 시가총액이더라도 무조건 안전한 것은 아니며 상장폐지 사유 또는 돌발 악재(횡령, 배임, 기타 재무상 리스크)로 인하여 거래정지 사유가 발생할 수 있음을 유의해야 합니다.

⑤ E, 주가 범위: 0일 전 종가가 1000 이상 99999999 이하

0일 전(당일) 현재 주가(종가 기준)가 1,000원 이상의 종목만 검색되도록 합니다. 1,000원 이하로 주가가 형성될 경우 소위 동전주로 분류됩니다. 주식시장에 상장되는 대부분 종목의 상장가(공모가액)는 5,000원 이상이 되는 경우가 많습니다. 따라서 1,000원 이하로

하락한 종목은 현재 재무적으로나 업황적으로 매우 안 좋은 상태에 있을 확률이 크므로 거래정지 리스크가 있기 때문에 제외하는 조건을 두었습니다.

⑥ F, [일] 거래량: 300000 이상 999999999 이하

[일] 봉상 거래량이 30만 주 이상이어야 한다는 조건입니다. 240일선 돌파 패턴은 대량 거래량을 동반해야 한다는 기본 조건을 만족해야 합니다. 하지만 거래량은 거래대금과 달리 각 종목의 주가에 따라 많고 적음의 의미가 달라집니다. 때문에 같은 30만 주라도 1,000원 단위의 종목과 50,000원 단위 종목의 거래대금은 차이가 납니다. 하지만 여기서 거래량에 집중한 이유는 종목이 거래되는 빈도수, 즉 거래회전율이 높은 종목을 선별하기 위해서입니다. 하루에 240일선 돌파 종목이 많이 검색되기 때문에 최소 30만 주를 커트라인으로 두고 그 이상의 종목들 위주로 종목을 분석하는 조건으로 설정해두었습니다.

240일선 돌파 패턴 종목 선별법

240일선을 돌파한 종목을 바로 매매 대상으로 삼지 않기 때문에 당일 검색된 종목들을 조건에 맞게 분석한 뒤 선별하여 관심종목에 편입하는 작업을 해야 합니다. 오후 3시 30분 이후 검색식을 실행시켜 검색된 종목을 뽑아 놓습니다. 240일선을 돌파한 종목이 대세 상승으로 이어질 첫 지점이 될 조건은 다음과 같습니다.

① 240일선의 우하향이 지속되고 있을 것

② 캔들이 우하향하는 240일선 아래에 오랜 기간 위치해 있을 것

③ 대량 거래가 동반될 것(100만 주 이상 거래된 종목을 위주로 선별)

④ 이전 기간에 없었던 대량 거래가 최근 한 달 사이 다수 발생할 것

이 조건들을 바탕을 2023년 8월 29일 검색되었던 240일선 돌파 종목들을 살펴보겠습니다.

종목명	현재가	등락률▲	거래량	고...	VI발...
한국정보인증	6,140	+29.95	11,581	0	10:47:52
NEW	7,190	+7.47	1,141	1.10	
자화전자	27,700	+6.13	440	2.64	
엠젠솔루션	3,490	+5.44	5,343	14.77	10:41:36
한글과컴퓨터	14,260	+4.55	1,475	4.62	
에스엠코어	6,370	+2.74	335	5.35	
한화손해보험	4,230	+2.55	487	0.82	
한국항공우주	50,100	+2.14	509	0.99	
퍼스텍	3,630	+1.40	542	1.49	

[4-16] 2023년 8월 29일 240일선 돌파 패턴 검색식 결과

한국정보인증은 8월 29일, '삼각격자 구조 자성 물질에서 세계 최초로 양자물질 발견'이라는 이슈로 상한가를 기록한 종목입니다. 하지만 차트에서 보이듯이 이미 2023년 1월 17일에 240일선 하위 패턴이 등장하여 240일선 돌파를 예견했습니다. 1월 25일에 240일 선을 돌파한 뒤 고점을 형성하고, 5개월의 시간을 보내며 한 번의

눌림을 주며 하락한 뒤 7월부터 거래량이 급증했습니다. 이미 8월 기사가 뜨며 테마주로 묶이기 전부터 우리에게 반등의 힌트를 주었던 종목입니다. 이러한 종목은 1월부터 240일선 돌파 종목으로 분류하여 지속 관찰하는 종목으로 편입해두었어야 합니다.

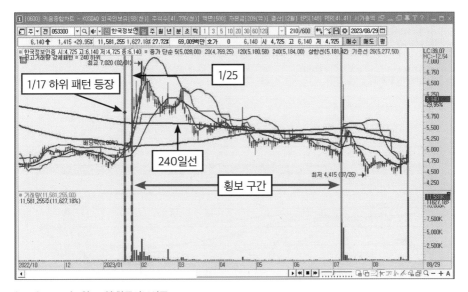

[4-17] 2023년 8월 30일 한국정보인증(053300)

1월 25일에도 240일선 돌파 종목으로 검색되었고 추적 관찰할 종목에 편입해두었는지 확인해보겠습니다. 네이버 '책전주식 스터디카페' [흐름패턴 관찰종목] 게시판 〉 [1월 25일 240일 돌파 종목&차트 공유] 게시글입니다(4-18).

한국정보인증 종목이 검색되어 있으며 관심 종목에 편입한 기록이 남아 있습니다. 당시 한국정보인증은 240일선 우하향이 지속되고 있었고, 캔들이 우하향하는 240일선 아래에 오랜 기간 위치해

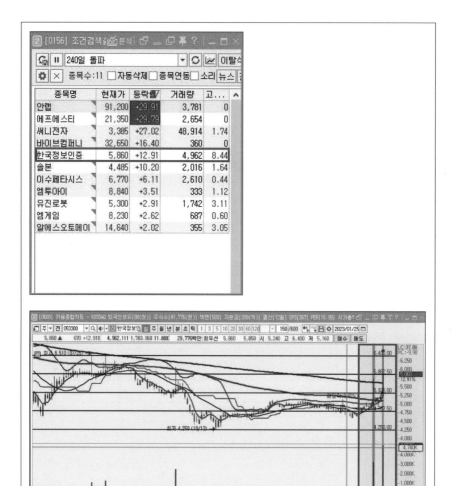

[4-18] 2023년 1월 25일 240일 돌파 종목 분석 글 중

있었습니다. 그리고 240일선을 돌파하는 날 100만 주 이상의 대량 거래가 동반되었으며, 이전 기간에 없었던 대량 거래가 최근 한 달 사이 두 번이나 발생했다는 사실을 알 수 있습니다.

이러한 종목을 선별하여 관심종목에 편입한 뒤 240일선을 돌파하며 세운 고점과 이전 기간의 최저점을 기준으로 사등분선을 그려 저장해두고 추후 있을 타점에 매수를 준비합니다.

이제 240일선 하위 패턴과 돌파 패턴 그리고 240일선과 근접한 종목을 매수했을 때 유용하게 사용할 수 있는 사등분선 패턴을 알아보도록 하겠습니다.

19

사등분선 패턴
매매의 법칙

사등분선 패턴 매매의 탄생

240일선 하위 패턴에서는 바로 매수 가능하고, 240일선 돌파 패턴에서는 바로 매수하는 것이 불가능하다는 사실을 알게 되었습니다. 240일선을 돌파한 종목은 일정 기간의 하락 횡보 구간을 만들게 되는데 이 기간을 손실인 상태로 보유할 이유가 없기 때문입니다. 하지만 이러한 횡보 구간을 지나게 된 종목은 240일선을 처음 돌파할 때 만들어두었던 전 고점을 돌파하여 240일선 상위 패턴으로 넘어가며 대세 상승으로 이어지게 됩니다. 그렇다면 240일선을 돌파한 종목이 횡보를 마치고 다시 240일선을 돌파할 때 전에 만들었던 고점을 돌파하기 위해 상승하는 구간이 높은 확률로 발생하게 될 텐데, 이 구간의 수익 구간을 손 놓고 보고만 있을까요? 네, 저는 보고만 있었습니다. 더 정확하게는 2021년까지는 말이죠.

2020년 시작된 대세 상승장은 코스피지수 기준으로 2021년 6월 최고점을 찍고 하락 장세로 돌아서게 됩니다. 이 시기부터 보유 매매(스윙, 중장기 투자)를 하는 많은 투자자가 어려움을 겪게 됩니다. 대부분의 종목이 240일선 위에서 고점을 갱신하던 흐름에서 240일선을 깨고 하락하기 시작하며, 240일선 아래에 있던 종목들이 240일선을 돌파하는 흐름에서 더 큰 시세를 주기 시작한 것입니다. 코로나 상승장 때 스윙 투자 수익률 10%를 목표로 보유하고 있던 종목들이 10%를 찍어주지 못하고 하락하여 손실 전환하는 경우가 많아지자 저는 목표수익률을 5%까지 내렸습니다. 그리고 하락 장세에 맞는 새로운 스윙 매매 패턴을 연구했습니다.

240일선 상위 패턴과 기준선 매매를 중심으로 했던 매매법에서 240일선 아래쪽에서 벌어지는 일들과 240일선을 돌파하며 발생하는 일들에 집중했습니다. 결국 2021년 10월 신돌 검색식을 만들면서 240일선 돌파에서 바로 매매가 가능한 매매법을 완성했습니다. 하지만 천천히 하락하던 코스피지수는 2022년 1월 발발한 러시아-우크라이나 전쟁으로 급락하게 됩니다.

사등분선으로 매수 타점 잡기

2021년 12월부터 네이버 카페에 240일선 돌파 종목을 관심 종목으로 편입하는 글을 올리기 시작했습니다. 이때 사용한 지표가 바로 사등분선입니다. 사등분선은 주가의 저점과 고점을 기준으로 박스를 만들고, 그 박스를 4개의 면으로 나눈 5개 선을 의미합니다.

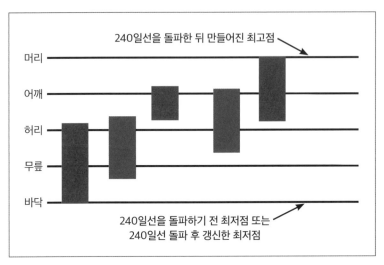

240일선 패턴에서 사등분선 활용 법칙

예전에 단타 매매의 분봉상에서도 사등분선을 활용한 매매를 한 적이 있었기 때문에 사등분선이 눌림 타점을 잡는 아주 좋은 보조 지표라는 사실을 이미 알고 있었습니다. 그런데 사등분선이 대량 거래를 동반한 240일선 돌파 종목을 추적 관찰할 때 아주 간단하면서도 주가의 흐름을 높은 확률로 예측하는 지표로서 엄청난 힘을 발휘한다는 사실을 발견하게 되었습니다.

240일선 돌파 패턴 종목을 선정할 때의 기준을 기억하시죠? 다시 한번 보겠습니다.

---

① 240일선의 우하향이 지속되고 있을 것

② 캔들이 우하향하는 240일선 아래에 오랜 기간 위치해 있을 것

③ 대량 거래가 동반될 것(100만 주 이상 거래된 종목을 위주로 선별)

④ 이전 기간에 없었던 대량 거래가 최근 한 달 사이 다수 발생할 것

사등분선상 위에서부터 머리, 어깨, 허리, 무릎, 바닥이라고 표현합니다. 돌파 패턴에서 대량 거래량을 동반했다는 의미는 세력의 매집을 뜻합니다. 따라서 이미 세력에 의해 매집된 종목이 하락 횡보를 이어나가다가 사등분선상의 하위 25% 구간인 무릎선에 닿았을 때, 또는 무릎선을 이탈하여 바닥을 뚫고 내려갔다 저점에서 양봉 두 개를 연속해서 만들면서 회복할 때, 그때를 '이 종목이 조정을 다 하고 240일선 상위 패턴으로 가는 반등을 시작하는구나' 하고 판단할 수 있는 것입니다. 이 패턴이 바로 사등분선 매매 패턴입니다.

---

⑤ 돌파 패턴인 ①~④에 해당하는 종목을 관심 종목으로 편입한 뒤 240일선을 돌파하며 만든 고점과 240일선을 돌파하기 전 구간의 최저점을 기준으로 사등분선 보조지표를 대입한다.

⑥ 이렇게 만들어진 사등분선상에서 무릎 구간을 양봉으로 지지하거나 이탈되었다가 회복할 때를 1차 매수 타점으로 잡을 수 있다.

⑦ 만일 주가가 무릎선을 음봉 이탈하거나 지지를 보여 1차 매수가 들어갔음에도 하락하게 된다면 사등분선상 바닥을 이탈하여 양봉 2개를 연속으로 만드는 지점을 추가 매수 타점으로 계획하고 이 패턴이 만들어질 때까지 보유한다.

240일선을 돌파하는 종목들이 하락하여 무릎선까지 내려온 경우 대부분 종목의 거래량이 현저히 줄어들기 때문에 하루 거래량이 너무 적어 내가 매수하고자 하는 물량을 모두 체결하지 못하는 경우가 있습니다. 따라서 사등분선상 무릎선이나 저점 갱신한 매수 타점일 경우, 그날 그 타점에서 매수한다는 생각보다는 그 지점 언저리에서 조금씩 물량을 모아간다는 생각으로 매수를 진행할 수 있습니다.

240일선 하위 패턴은 100% 상승하는 매매법이 아니기 때문에 항상 추가 매수 또는 손절매를 고려해야 합니다. 4-19 NPC 차트에서 7월 20일 하위 패턴으로 매수했고, 다음 날 고점 기준 4.01%의 상승률을 주었지만 매도하지 못했다는 가정을 해본다면 사등분선을 활용한 추가 매수 타점은 다음과 같이 잡을 수 있습니다.

NPC는 7월 20일 7,530원의 고점과 8월 18일 이전 저점을 갱신하여 만든 최저점 5,690원을 기준으로 사등분선을 적용하여 저점 갱신 뒤 연속해서 양봉 2개를 만든 8월 21일이 2차 매수가 가능한 날이 됩니다.

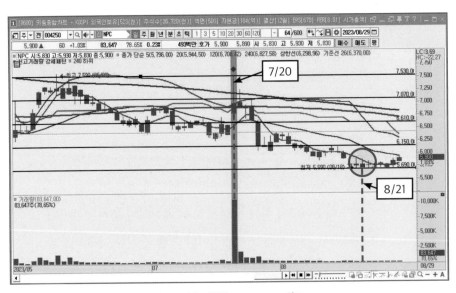

[4-19] 2023년 7월 20일을 기준으로 사등분선을 적용한 NPC(004250) 차트

사등분선 패턴 매매 관리하기

　사등분선 매매법은 관리가 매우 까다롭습니다. 까다롭다기보다는 귀찮다는 표현을 쓰는 것이 좋을 것 같습니다. 왜냐하면 240일선을 돌파하거나 240일선 하위 패턴을 보이는 종목을 대상으로 관심종목에 편입하고 사등분선을 적용하기 때문에 시간이 흐르면서 추적 관찰하는 종목의 수가 많아지게 됩니다. 또한 사등분선상 저점을 갱신하는 종목도 많아서 사등분선을 일일이 수정하면서 무릎이나 저점 양봉 2개 패턴을 직접 찾아내야 한다는 단점이 있습니다. 이 점을 보완하기 위해 만든 자동화 시스템이 바로 단기 무릎선 자동 지정 구글시트입니다.

　240일선과 240일선 하위 패턴에서 걸러진 종목들을 모아놓은 시트입니다(4-20). 그리고 매일 Top 30 종목 중 240일선 근처에 있는 종목들도 포함해서 정리하고 있으며, 구글시트의 기능을 통해 종목명과 사등분선상의 고가와 저가만 입력하면 시간의 흐름에 따라 갱신되는 사등분선의 고점과 저점을 자동으로 업데이트하여 무릎가를 알려주는 기능을 구현해놓았습니다. 이렇게 업데이트되는 종목들을 매일 종가 매수하기 전에 살펴보고 필터링을 통해 매수 가능한 종목을 자동으로 알려주는 것이 바로 이 시트가 저 대신 해주는 일입니다.

　자동 시트를 만드는 방법과 샘플파일은 네이버 카페 [도서 자료 다운] 게시판에 '4등분선 매매 자동 종목 선정 시스템'의 게시글을 통해 누구나 사용할 수 있도록 공유해놓았습니다.

　이렇게 사등분선 패턴 매매는 매우 간단한 이론을 토대로 매수

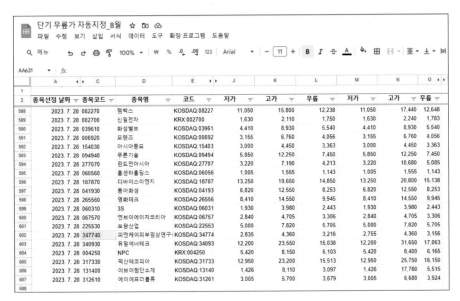

	A	C	D	E	J	K	L	M	N	O
	종목선정 날짜	종목코드	종목명	코드	저가	고가	무릎	저가	고가	무릎
588	2023. 7. 28	082270	젬백스	KOSDAQ:08227	11,050	15,800	12,238	11,050	17,440	12,648
589	2023. 7. 28	002700	신일전자	KRX:002700	1,630	2,110	1,750	1,630	2,240	1,783
590	2023. 7. 28	039610	화성밸브	KOSDAQ:03961	4,410	8,930	5,540	4,410	8,930	5,540
591	2023. 7. 28	006920	모헨즈	KOSDAQ:00692	3,155	6,760	4,056	3,155	6,760	4,056
592	2023. 7. 28	154030	아시아종묘	KOSDAQ:15403	3,000	4,450	3,363	3,000	4,450	3,363
593	2023. 7. 28	094940	푸른기술	KOSDAQ:09494	5,850	12,250	7,450	5,850	12,250	7,450
594	2023. 7. 28	277070	린드먼아시아	KOSDAQ:27707	3,220	7,190	4,213	3,220	10,680	5,085
595	2023. 7. 28	060560	홈센타홀딩스	KOSDAQ:06056	1,005	1,555	1,143	1,005	1,555	1,143
596	2023. 7. 28	187870	디바이스이엔지	KOSDAQ:18787	13,250	19,650	14,850	13,250	20,800	15,138
597	2023. 7. 28	041930	동아화성	KOSDAQ:04193	6,820	12,550	8,253	6,820	12,550	8,253
598	2023. 7. 28	265560	영화테크	KOSDAQ:26556	8,410	14,550	9,945	8,410	14,550	9,945
599	2023. 7. 28	060310	3S	KOSDAQ:06031	1,930	3,980	2,443	1,930	3,980	2,443
600	2023. 7. 28	067570	엔브이에이치코리아	KOSDAQ:06757	2,840	4,705	3,306	2,840	4,705	3,306
601	2023. 7. 28	225530	보광산업	KOSDAQ:22553	5,000	7,820	5,705	5,000	7,820	5,705
602	2023. 7. 28	347740	피엔케이피부임상연구	KOSDAQ:34774	2,835	4,360	3,216	2,755	4,360	3,156
603	2023. 7. 28	340930	유월에너테크	KOSDAQ:34093	12,200	23,550	15,038	12,200	31,650	17,063
604	2023. 7. 28	004250	NPC	KRX:004250	5,420	8,150	6,103	5,420	8,400	6,165
605	2023. 7. 28	317330	덕산테코피아	KOSDAQ:31733	12,950	23,200	15,513	12,950	25,750	16,150
606	2023. 7. 28	131400	이브이첨단소재	KOSDAQ:13140	1,426	8,110	3,097	1,426	17,780	5,515
607	2023. 7. 28	312610	에이에프더플류	KOSDAQ:31261	3,005	5,700	3,679	3,005	6,680	3,924
608										

[4-20] 단기 무릎가 자동 지정 구글시트

타점을 잡고 하락 횡보 구간 중 바닥권까지 내려와 반등을 주는 구
간을 공략할 수 있습니다. 또한 사등분선 매매 패턴의 매수 타점은
거래량이 현저히 줄어든 지점이기 때문에 매수 직후 바로 반등이
나오지 않고 1~2개월, 길게는 3~4개월까지 횡보할 수 있습니다. 그
러므로 추가 매수 또는 적정한 목표수익률을 정한 뒤 접근하는 것
이 바람직합니다.

사등분선 패턴 종목의 예시

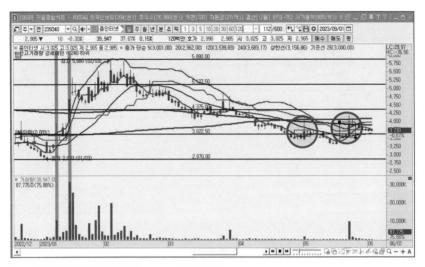

[4-21] 2023년 5월 2일 줌인터넷(239340) 무릎선 양봉

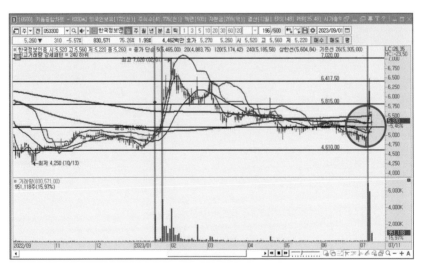

[4-22] 2023년 7월 7일 한국정보인증(053300) 무릎선 양봉

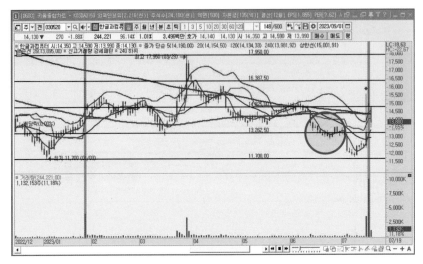

[4-23] 2023년 6월 28일 한글과컴퓨터(030520) 무릎선 양봉

240일선 상위 패턴 종목 검색식

　240일선 아래를 지나다가 240일선을 돌파한 뒤 하락 횡보를 지나 사등분선상에서 반등을 주고 다시 이전 고점까지 상승하여 결국 이전 고점을 돌파하는 흐름을 240일선 상위 패턴이라고 합니다. 240일선 상위 패턴은 주식시장이 상승 추세이거나 대세 상승장일 때 엄청난 위력을 발휘합니다. 왜냐하면 상승 추세에서는 모든 종목에 거래대금이 쏠리기 때문에 바닥에서 올라오는 종목보다는 신고가를 갱신해나가는 종목의 수가 더 많습니다. 따라서 이때는 240일선 상위 패턴 검색식에 하루에 10~15종목씩 검색되기 때문에 이 종목들을 분석해서 매매 대상 종목을 추리는 시간이 오래 걸립니다. 하지만 여기서만 종목을 선정해도 충분히 수익을 낼 수 있습니다.

상위 패턴에서 하락하는 종목들의 추가 매수는 일목균형표상 기준선에서 추가 매수하는 패턴으로 이어지게 됩니다.

240일선 상위 패턴 매매 종목 선정을 위한 기본 조건은 다음과 같습니다.

---

① 240일선 돌파 패턴을 지난 종목이 만들었던 전고점을 당일 종가상 돌파 해야 한다.

② 당일 거래량은 1개월 이내 최고 거래량이어야 한다.

③ 당일 거래량은 최소 100만 주 이상이어야 한다.

---

1. 조건 검색식 만들기

[[0150] 조건 검색]에서 [조건식 새로 작성] 〉 상단의 [대상 변경]을 클릭합니다. [대상 변경] 창이 뜨면 업종에서 [전체]를 해제하고 [거래소], [코스닥]에 체크합니다. 그리고 제외종목에서 [관리종목], [투자경고], [위험], [우선주], [거래정지], [정리매매], [환기종목], [투자주의], [불성실공시기업], [ETF], [스팩], [ETN]을 선택하여 우리가 검색할 종목에서 제외하고 [확인]을 클릭합니다.

[조건식] 항목에서 다음 조건들을 찾아 하나씩 추가해나갑니다.

모든 조건을 입력한 뒤 [내 조건식 저장] 버튼을 클릭한 뒤 [사용자 정의 조건 저장] 창에서 [저장할 조건명]에 '240일 상위 패턴'을 입력한 뒤 [확인] 버튼을 누릅니다.

→ 240일선 상위 패턴 매매를 위한 조건 검색식

조건식 검색	지표	내용
주가비교	A	주가비교: [일] 0봉전 시가 < 0봉전 종가
주가이동평균비교	B	주가이평비교:[일] 0봉전 (종가 1)이평 > (종가 240)이평 1회 이상
일목균형표 -기준선 비교	C	[일] 0봉전 일목균형표(9, 26, 52) 기준선 < 주가
시가총액	D	시가총액: 현재가기준 100십억원 이상
주가범위	E	주가범위: 0일전 종가가 1000 이상 99999999 이하
거래량	F	[일] 거래량: 300000 이상 999999999 이하
신고가	G	신고가: [일] 0봉전 종가가 120봉중 신고가에 -1%이내 근접
	H	신고가: [일]0봉전 종가가 120봉중 신고가
신고거래량	I	[일] 0봉전 20봉중 신고거래량
조건식		A and B and C and D and E and F and (G or H) and I*

* 조건식에서 ( )를 추가하기 위해서 G와 H를 마우스로 드래그하여 선택한 뒤 ( ) 모양 아이콘을 클릭해 줍니다. 또한 'and'를 마우스로 더블클릭하면 'or'로 변경할 수 있습니다.

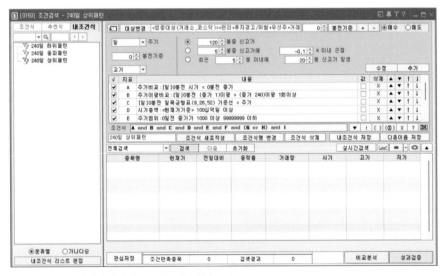

[4-24] 240일선 상위 패턴 매매를 위한 조건식 설정 화면

2. 240일선 상위 패턴 검색식 설명

① A, 주가 비교: [일] 0봉 전 시가 < 0봉 전 종가

주가 비교 항목의 [일]은 일봉을 뜻합니다. 0봉 전은 오늘을 뜻하며 0봉 전 종가가 0봉 전 시가보다 크다는 말은 오늘의 종가가 오늘의 시가보다 크다, 즉 양봉 캔들을 의미합니다.

② B, 주가이평 비교: [일] 0봉 전 (종가 1) 이평 > (종가 240) 이평 1회 이상

주가이평 비교는 주가와 이동평균선의 위치를 비교한 조건 검색식입니다. [일] 봉상 (종가 1) 이동평균선(당일의 고가)이 (종가 240) 이동평균선(당일의 종가상 240일선의 가격)보다 크다는 뜻입니다. 앞서 설명해드린 기본 조건에서 당일의 종가가 240일선 위에 위치한 모습을 조건화했습니다.

③ C, [일] 0봉 전 일목균형표(9, 26, 52) 기준선 < 주가

[일] 봉상 0봉 전(당일) 일목균형표(9, 26, 52) 기준선보다 주가가 크다는 항목입니다. 일목균형표의 9, 26, 52라는 수치는 각각 전환선, 기준선, 스팬선에 쓰이는 수치로 우리는 26일 기준선의 수치를 사용하므로 26일 기준선보다 주가가 위쪽에 위치해 있어야 한다는 조건을 표현한 것입니다. 26일 기준선은 일목균형표 이론에서도 가장 중요한 이론이기 때문에 26일 기준선을 이미 돌파한 종목인지 아닌지를 판단하는 조건입니다.

④ D, 시가총액: 현재가 기준 100십억 원 이상

종목의 시가총액은 현재가 기준 1,000억 원 이상인 종목이어야 한다는 조건입니다. 1,000억 원이라는 숫자는 내가 보유하게 될지도 모르는 향후 6개월 동안 적어도 재무상으로 상장폐지 사유가 발생하지 않을 정도 규모의 종목을 대상으로 한다는 뜻이 내포되어 있습니다. 하지만 1,000억 원 이상의 시가총액이라고 하더라도 무조건 안전한 것은 아니며 상장폐지 사유 또는 돌발 악재(횡령, 배임, 기타 재무상 리스크)로 인하여 거래정지 사유가 발생할 수 있음을 유의해야 합니다.

⑤ E, 주가 범위: 0일 전 종가가 1000 이상 99999999 이하

0일 전(당일) 현재 주가(종가 기준)가 1,000원 이상의 종목만 검색되도록 합니다. 1,000원 이하로 주가가 형성될 경우 소위 동전주로 분류됩니다. 주식시장에 상장되는 대부분 종목의 상장가(공모가액)는 5,000원 이상이 되는 경우가 많기 때문에 1,000원 이하로 하락한 종목은 현재 재무적으로나 업황적으로 매우 안 좋은 상태에 있을 확률이 높으므로 거래정지 리스크가 있기 때문에 제외하는 조건을 두었습니다.

⑥ F, [일] 거래량: 300000 이상 999999999 이하

[일] 봉상 거래량이 30만 주 이상이 되어야 한다는 조건입니다. 240일선 상위 패턴은 대량 거래를 동반해야 한다는 기본 조건을 성립해야 합니다. 하지만 거래량은 거래대금과 달리 각 종목의 주가에 따라 많고 적음의 의미가 달라지기 때문에 같은 30만 주라

도 1,000원 단위의 종목과 50,000원 단위 종목의 거래대금이 차이가 납니다. 하지만 여기서 거래량에 집중한 이유는 종목이 거래되는 빈도수, 즉 거래회전율이 높은 종목을 선별하기 위함이며 하루에 240일선 상위 종목이 많이 검색되기 때문에 최소 30만 주를 커트라인으로 두고 그 이상의 종목들 위주로 종목을 분석하는 조건으로 설정해두었습니다.

⑦ G&H, 신고가: [일] 0봉 전 종가가 120봉 중 신고가(에 -1% 이내 근접)

G와 H 조건은 신고가 조건입니다. 0봉 전(당일) 종가가 120봉(6개월) 중 신고가 또는 신고가에 1%까지 근접하는 종목을 선별하는 조건입니다. 따라서 120일, 즉 6개월 이내 240일선의 돌파가 이루어졌으며, 그때 만들어진 고점을 당일 돌파하는 종목들이 나타나게 됩니다. 하지만 6개월 이전에 240일선 돌파가 이루어졌고 현재 대세 상승 중이며 계속해서 신고가를 갱신하고 있는 종목들도 검색이 되기 때문에 신중한 종목 선정이 필요합니다. 대세 상승 중인 종목은 고점을 갱신하는 횟수가 많아질수록 언제가 마지막 고점이 될지 가늠하기 어려워지기 때문입니다.

⑧ I, [일] 0봉 전 20봉 중 신고거래량

[일] 봉상 0봉 전(오늘) 캔들이 20봉(1개월) 중 신고거래량인 경우를 표현합니다. 앞선 조건들에서 120일 신고가인 종목들이 걸러졌기 때문에 I 조건의 신고거래량이 성립되는 경우는 압도적으로 많은 거래량을 동반하는 경우가 매우 많습니다. 하지만 F 조건에서 거래량 30만 주 이상의 종목들이 걸러졌음에도 불구하고 50~80만 주

정도의 거래량을 가진 종목이 고점을 갱신하는 경우도 있으며, 이 거래량이 압도적으로 많은 거래량이 아닐 경우 매수 대상 종목으로 선택하지 않도록 주의해야 합니다.

상승 확률을 높이는 240일선 상위 패턴 종목 선별법

코스피지수가 하락 추세에 있다면 상위 패턴에 검색된 종목들이라고 할지라도 바로 다음 날부터 하락하는 경우가 많습니다. 240일선 상위 패턴이라는 특성상 신고가, 즉 차트상으로 보면 높은 곳에서 매매하는 경우가 많아서 오히려 이러한 점이 약점이 되어 지수와 함께 하락하는 경우가 많기 때문입니다. 하지만 여전히 신고가와 신고거래량이라는 조건은 해당 종목이 지금 이 순간 주식시장의 주목을 받고 있으며, 추가적으로 상승할 가능성이 매우 크다는 방증입니다. 그러므로 리스크 때문에 움츠리기만 해서는 좋은 기회를 놓치게 됩니다.

240일선 상위 패턴 매매 검색식에서 검색된 종목 중에서 더 상승 확률이 높은 종목을 선정하는 방법을 소개합니다.

> ① 최대한 거래량이 많은 종목을 우선순위로 둡니다. 거래량이 최소 100만 주 이상인 종목들을 대상으로 합니다.
> ② 당일 상한가이거나 장중에 상한가를 이탈한 종목은 배제합니다. 상한가 이탈은 매우 나쁜 흐름 중 하나로, 다음 날까지 시세를 이어가기 힘들기 때문입니다.

③ 갭 상승을 한 종목은 배제합니다. 대량 거래를 한 번에 체결시키기 가장 좋은 시간대는 바로 동시호가대이기 때문에 갭 상승을 한 종목은 세력이 이미 전일까지 매집한 물량을 시초가에 대량 매도했을 가능성이 있으며, 이후 하락 횡보에 들어갈 확률이 높습니다.

④ 박스권을 돌파하는 흐름을 유심히 관찰합니다. 240일선을 돌파할 때 만든 고점을 돌파했거나 오래전 만들었던 고점을 긴 박스권을 유지하며 당일 돌파했을 때 상승 확률이 높아집니다.

⑤ 눌림 없이 지속적으로 고점을 갱신하는 흐름의 종목을 배제합니다. 파동 없는 상승은 없습니다. 눌림이 없다면 반드시 생기게 되지만, 끊임없이 고점을 갱신하고 있다면 내가 매수하는 그 순간이 최고점이 되어 눌림이 시작되는 자리일 확률이 높습니다.

240일 상위 패턴 종목의 예시

삼성전자는 2020년 11월 13일 코로나 하락 이후 처음 전고점을 돌파하는 역사적인 캔들을 만들어냅니다. 이때의 종가는 6만 3,200원으로 그 이후 9만 6,800원까지 대세 상승을 만들어냅니다(4-25).

현대차는 기존에 만들어놨던 기나긴 박스권의 전고점을 돌파하는 장대양봉을 만든 1월 4일에 그대로 급등하여 28만 9,000원의 고점을 만들어버립니다(4-26).

이외에도 수많은 대형주가 240일선 상위 패턴을 대세 상승으로 만드는 모습들을 볼 수 있습니다.

제일전기공업은 2023년 3월 6일 240일선 돌파 패턴과 240일선 상위 패턴이 동시에 발생한 종목입니다. 240일선 상위 패턴에 검색

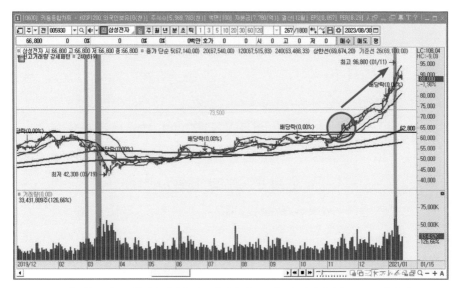

[4-25] 2020년 11월 13일 240일 상위 패턴을 만든 뒤 대세 상승 중인 모습의 삼성전자(005930) 일봉 차트

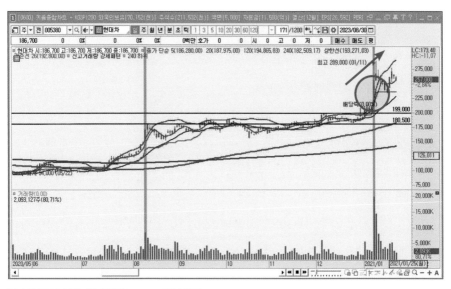

[4-26] 2021년 1월 4일 현대차(005380) 일봉 차트

되었다 할지라도 일봉의 위치상 240일선을 돌파한 당일이라면 그 상승세를 이어가지 못할 확률이 크기 때문에 매수 대상 종목으로 보지 않습니다(4-27).

에코프로 3형제(에코프로/에코프로비엠/에코프로에이치)는 3월부터 240일선 상위 패턴에 끊임없이 등장했습니다. 특히 에코프로비엠은 240일선 돌파로부터 600% 이상 대세 상승을 했는데, 240일선 상위 패턴의 특징상 한 번 또는 두 번의 매매 대상이 될 뿐 지속적으로 상승하는 종목은 배제하기 때문에 큰 수익을 내지는 못했습니다(4-28).

에코프로비엠은 주식시장 역사상 몇 안 되는 대세 상승주였기 때문에 이러한 특정주를 패턴 매매에 적용해 다른 종목을 예측 매매하는 실수를 범해서는 절대 안 됩니다. 모든 패턴 매매는 엄청난 수익을 목표로 하는 것이 아닌, 패턴에 가까운 종목을 선택하여 빠르게 수익실현을 하고 매도하는 것이 목표이기 때문에 욕심에 휘둘리는 매매를 경계해야 합니다.

미코(4-29)는 240일선 돌파 시 만들었던 전고점을 압도적인 거래량으로 돌파하며 신고가를 갱신하였습니다. 240일선 상위 매매 패턴에 완벽하게 부합하는 모습입니다. 그다음 날 바로 수익권을 주며 매매가 종료됩니다.

폴라리스오피스(4-30)는 2023년 3월 3일 이미 한 번 240일선 상위 패턴으로 검색되었지만 종가상 상한가로 매수가 불가능했던 종목입니다. 다음 날인 6일 갭 상승으로 시작했기 때문에 매수 대상에서 또 한 번 배제되었습니다. 그다음 날도 역시 다시 상한가를 기록하며 단기간 엄청난 상승을 보여주었습니다. 이러한 종목을 보면

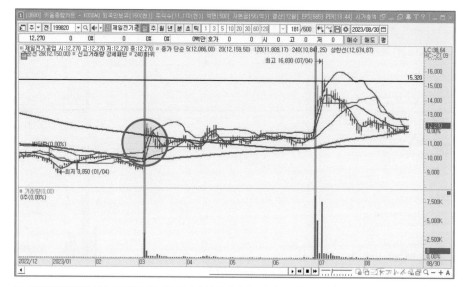

[4-27] 2023년 3월 6일 240일선 돌파와 동시에 상위 패턴의 모습을 보인 제일전기공업(199820)

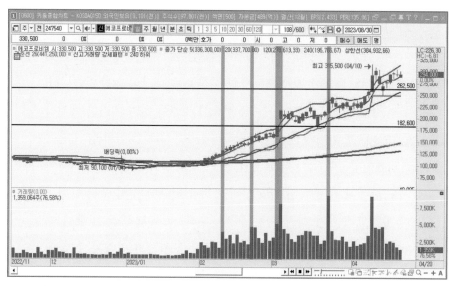

[4-28] 에코프로비엠(247540)은 240일선 상위 패턴에 해당하지만 그 후로 눌림 없이 지속적으로 상승했기 때문에 매매 대상이 아니다.

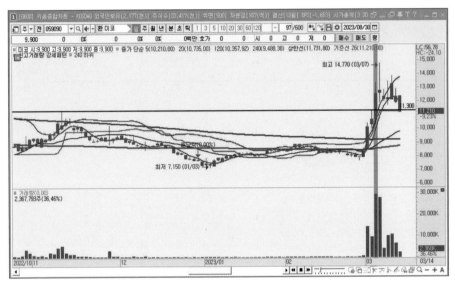

[4-29] 240일선 상위 패턴 매매에 완벽하게 부합하는 미코(059090) 일봉 차트

갭 상승한 종목도 240일선 상위 패턴 매수 대상으로 편입하고 싶겠지만, 갭 상승은 세력이 시가에 차익실현으로 보유 물량을 매도하며 빠져나갔을 확률이 높기 때문에 더 이상 매수 대상이 되지 않습니다. 어떤 상황에서도 매매의 기준을 반드시 지켜야 하며 이러한 예외적인 종목을 보고 나의 기준을 수정하는 실수를 하지 말아야 합니다.

티웨이항공(4-31)은 3월 6일 240일선 상위 패턴으로 검색되어 매수 대상이 된 종목입니다. 하지만 다음 날부터 수익 구간에 미치지 못하고 주가가 하락하게 됩니다. 우리는 240일선 상위 패턴 매매의 최대 리스크인 고점 매수의 단점을 보완하기 위하여 추가 매수를 염두에 두어야 합니다. 바로 240일선 상위 패턴 매매의 추가 매수 타점인 일목균형표 26일 기준선 매매 패턴입니다.

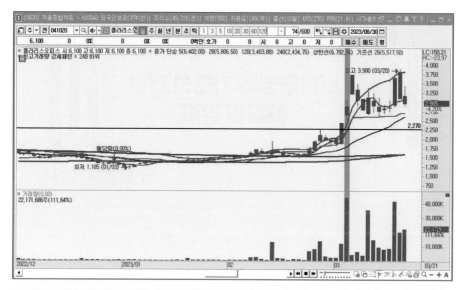

[4-30] 240일선 상위 패턴 중 당일 상한가로 지켜보던 중 다음 날 갭 상승을 하여 매수 대상에서 제외한 폴라리스
오피스(041020) 일봉 차트

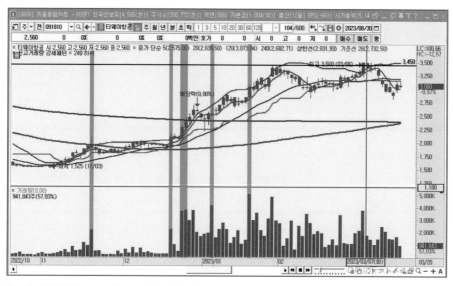

[4-31] 티웨이항공(091810)은 240일선 상위 패턴 수익 구간에서 하락하여 일목균형표 26일 기준선 매수로 추가
매수를 노린다.

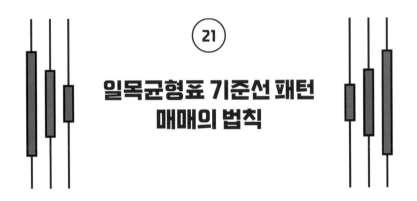

일목균형표 기준선 패턴 매매의 법칙

일목균형표 기준선 패턴 매매 종목 검색식

일목균형표상 기준선은 26일 동안의 캔들, 즉 오늘을 포함하여 26개의 일봉 캔들 중 최저점과 최고점을 뽑아 평균점을 계산하여 그 점들을 이어서 만든 선을 의미합니다.

일목균형표에서 가장 중요한 변곡점을 뽑으라고 한다면 26일 기준선을 뽑을 것입니다. 26일 기준선은 모든 주가의 변곡점이기 때문에 240일선 상위 패턴에서 하락하는 주가를 반등시켜주는 역할을 하게 됩니다.

일목균형표 기준선 패턴 매매 종목 선정을 위한 기본 조건은 다음과 같습니다.

① 240일 상위 패턴에 해당하는 종목이 수익 구간을 주지 않고 하락한다.

② 하락하는 캔들과 함께 거래량이 감소한다.

③-1 하락하던 캔들이 일목균형표 26일 기준선에서 양봉으로 지지한다.

③-2 하락하던 캔들이 일목균형표 26일 기준선을 이탈한 뒤 반등하여 양봉으로 회복한다.

③-1, ③-2의 패턴을 보일 때 240일선 상위 패턴에서 하락하는 종목은 추가 매수를 하게 됩니다.

1. 조건 검색식 만들기

[[0150] 조건 검색]에서 [조건식 새로 작성] 〉 상단의 [대상 변경]을 클릭합니다. [대상 변경] 창이 뜨면 업종이 아닌 [포트폴리오]를 선택하고 240일 상위 패턴에서 매매했던 종목, 상위 패턴에서 상한가로 매수하지 못한 종목, 갭이 떠서 매수하지 못한 종목 등 기준선 매매 패턴을 추적 관찰하고자 했던 종목들이 모여 있는 관심 종목을 선택합니다. 이렇게 관심 종목을 선택하게 되면 이 검색식은 모든 상장되어 있는 종목을 대상으로 선별하는 것이 아닌, 오로지 선택한 관심종목 항목에 포함된 종목 중 기준에 부합하는 종목만 선별하게 됩니다.

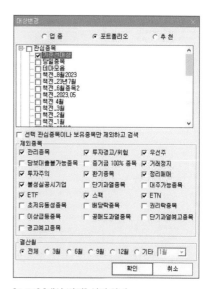

[4-32] [대상 변경] 설정 화면

[조건식] 항목에서 다음 조건들을 찾아 하나씩 추가해나갑니다.

→ 일목균형표 기준선 패턴 매매를 위한 조건 검색식

조건식 검색	지표	내용
주가비교	A	주가비교: [일] 0봉전 종가 >= 0봉전 시가
일목균형표 -기준선 비교	B	[일]0봉전 일목균형표(9,26,52) 주가 > 기준선
	C	[일]0봉전 일목균형표(9,26,52) 저가 <= 기준선
조건식		A and B and C

모든 조건을 입력한 뒤 [내 조건식 저장] 버튼을 클릭한 뒤 [사용자 정의 조건 저장] 창에서 [저장할 조건명]에 '기준선 패턴 매매'를 입력한 뒤 [확인] 버튼을 누릅니다.

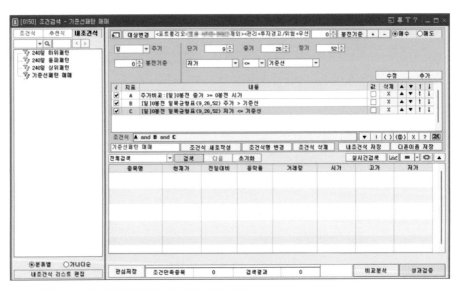

[4-33] 일목균형표 기준선 패턴 매매를 위한 조건식 설정 화면

2. 일목균형표 기준선 패턴 매매 검색식 설명

① A, 주가 비교: [일] 0봉 전 종가 ≧ 0봉 전 시가

[일] 봉상 0봉 전(당일)의 종가가 0봉 전(당일)의 시가보다 크거나 같다는 것입니다. 캔들 모양으로 보자면 보합이거나 양봉임을 뜻합니다. 기존까지는 모든 종목이 양봉일 경우를 조건으로 걸었지만 이번 검색식은 보합인 경우도 포함합니다.

② B, [일] 0봉 전 일목균형표(9, 26, 52) 주가 > 기준선

[일] 봉상 주가(당일의 종가)가 0봉 전(당일) 일목균형표의 26일 기준선보다 클 것을 의미합니다. 당일의 종가가 기준선보다 위에서 마무리되어야 한다는 뜻입니다.

③ C, [일] 0봉 전 일목균형표(9, 26, 52) 저가 ≦ 기준선

[일] 봉상 0봉 전(당일) 일목균형표(9, 26, 52) 기준선보다 저가가 작거나 같을 것이라는 조건입니다.

지표 A, B, C를 모두 합해 해석하자면 26일 기준선보다 저가가 아래에 있거나 적어도 같은 가격에서 시작하여 기준선보다 높은 가격에서 양봉으로 마무리된 캔들이라는 뜻입니다. 따라서 기준선을 회복하거나 지지해주는 흐름을 모두 잡아낼 수 있는 조건식이 됩니다.

탁월한 성과를 보여주는 기준선 패턴 매매

이 검색식은 비록 모든 종목을 대상으로 한 검색식은 아니지만 보유 종목이나 내가 찜해두었던 종목의 기준선 지지 타점을 잡아내는 데는 엄청난 성과를 내고 있습니다.

앞서 보았던 2023년 3월 6일 매수했던 티웨이항공(4-34)은 기준선을 이탈하여 하락하다가 3월 21일 다시 반등하여 기준선을 회복했습니다. 이 지점에서 추가 매수를 통해 평단가를 낮춘 뒤 3월 29일 추가적인 반등세를 이용해 수익을 내고 마무리할 수 있었습니다. 이러한 기준선 패턴 매매는, 특히 상한가를 갔던 종목에서 많이 나타나고 있으며, 여러 예시를 통해 앞으로 만나게 될 상한가 종목의 눌림목을 공략해보기 바랍니다.

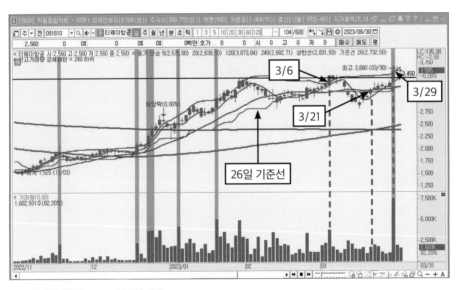

[4-34] 티웨이항공(091810) 기준선 매매

일목균형표 기준선 패턴 매매 종목의 예시

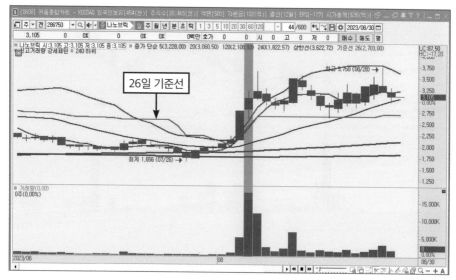

[4-35] 2023년 8월 3일 나노브릭(286750) 상한가

[4-36] 2023년 8월 17일 토마토시스템(393210) 상한가

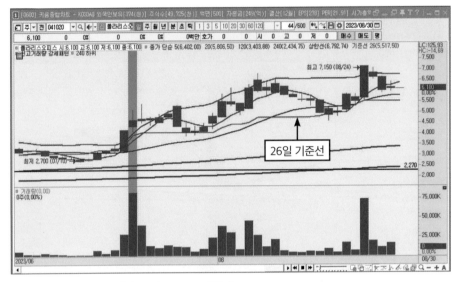

[4-37] 2023년 7월 17일 폴라리스오피스(041020) 상한가

22

터치앤고 패턴
매매의 법칙

터치앤고 패턴 종목 검색식

일봉 차트의 생애주기를 간략하게 정리해보면 240일선 아래에서 횡보하던 캔들이 240일선을 대량 거래와 함께 돌파하여 일정 기간 하락 횡보한 뒤 사등분선의 무릎선을 지지 반등하여 240일선 상위 패턴으로 발전하고, 일목균형표의 26일 기준선에서 잠시 눌림 조정을 준 뒤 대세 상승으로 연결됩니다. 대세 상승 이후 다시 240일선을 하향 돌파하여 하락 곡선을 그리고, 긴 하락 횡보 구간을 지나고 다시 한번 240일선을 돌파하는 식으로 생애주기가 반복됩니다.

터치앤고는 대세 상승 이후 하락으로 접어들며 급등했던 캔들이 우상향하는 240일선을 최초로 만나게 되는 지점을 공략합니다.

터치앤고 패턴 종목 선정을 위한 기본 조건은 다음과 같습니다.

① 240일선 상위 패턴에서 대세 상승으로 이어진 종목이 대상입니다.

② 대세 상승을 멈추고 기준선에서도 반등이 나오지 않고 거래량이 급감하며 꾸준히 우하향하는 종목이 대상입니다. 이때 우하향은 몇 개월에 걸쳐 나타날 수 있습니다.

③ 꾸준히 우하향하는 캔들이 아직까지 우상향하는 240일선을 최초로 만나는 지점에서 매수하는 패턴입니다. 매수 타점은 캔들이 양봉 또는 음봉일 때 모두 가능합니다.

1. 조건 검색식 만들기

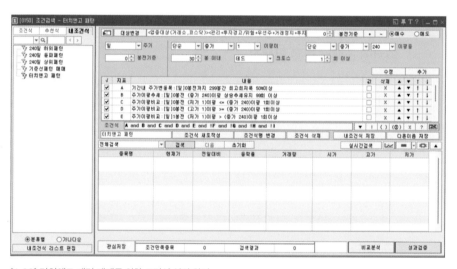

[4-38] 터치앤고 패턴 매매를 위한 조건식 설정 화면

[[0150] 조건 검색]에서 [조건식 새로 작성] 〉 상단의 [대상 변경]을 클릭합니다. [대상 변경] 창이 뜨면 업종에서 [전체]를 해제하고 [거래소], [코스닥]에 체크합니다. 그리고 제외 종목에서 [관리종

목], [투자경고], [위험], [우선주], [거래정지], [정리매매], [환기종
목], [투자주의], [불성실공시기업], [ETF], [스팩], [ETN]을 선택하
여 우리가 검색할 종목에서 제외하고 [확인]을 클릭합니다.

[조건식] 항목에서 다음 조건들을 찾아 하나씩 추가해나갑니다.

모든 조건을 입력한 뒤 [내 조건식 저장] 버튼을 클릭한 뒤 [사
용자 정의 조건 저장] 창에서 [저장할 조건명]에 '터치앤고 패턴'을
입력한 뒤 [확인] 버튼을 누릅니다.

➔ 터치앤고 패턴 매매를 위한 조건 검색식

조건식 검색	지표	내용
기간내 주가변동폭	A	기간내 주가변동폭: [일] 0봉전까지 299봉간 최고최저폭 50% 이상
주가이동평균추세	B	주가이평추세: [일] 0봉전 (종가 240)이평 상승추세유지 99회 이상
주가이동평균비교	C	주가이평비교: [일] 0봉전 (저가 1)이평 <= (종가 240)이평 1회 이상
	D	주가이평비교: [일] 0봉전 (고가 1)이평 >= (종가 240)이평 1회 이상
	E	주가이평비교: [일] 1봉전 (저가 1)이평 > (종가 240)이평 1회 이상
상세이동평균돌파	F	상세이평돌파: [일] 1봉전 단순 (저가 1)이평이 단순 (종가 240)이평을 30봉 이내 데드크로스 1회 이상
	G	상세이평돌파: [일] 1봉전 단순 (저가 1)이평이 단순 (종가 240)이평을 30봉 이내 골든크로스 1회 이상
	H	상세이평돌파: [일] 0봉전 단순 (종가 1)이평이 단순 (종가 240)이평을 30봉 이내 골든크로스 1회 이상
	I	상세이평돌파: [일] 0봉전 단순 (종가 1)이평이 단순 (종가 240)이평을 30봉 이내 데드크로스 1회 이상
조건식		A and B and C and D and E and !F and !G and !H and !I*

* 조건식 앞의 느낌표(!) 표시는 not의 의미로 조건의 반대를 의미합니다. F, G, H, I를 마우스 드래그로
  선택한 후 느낌표 아이콘을 클릭합니다.

2. 터치앤고 패턴 검색식 설명

① A, 기간 내 주가 변동폭: [일] 0봉 전까지 299봉 간 최고/최저 폭 50% 이상

[일] 봉상 0봉(당일) 전까지 299봉 간 최고/최저 폭 50% 이상이라는 조건은 대세 상승을 의미합니다. 240일선 돌파로부터 50% 이상 최대 600~700%까지 상승하는 것이 대세 상승이므로 최소한의 조건인 50%를 조건으로 입력하여 검색되는 조건들을 검토해야 합니다. 터치앤고 패턴은 매수 직후 상승 여부가 대세 상승의 크기와는 큰 연관이 없는 것으로 나타나고 있습니다.

② B, 주가이평 추세: [일] 0봉 전 (종가 240) 이평 상승 추세 유지 99회 이상

[일] 봉상 0봉(당일) 전 (종가 240) 이동평균선 상승 추세 유지 99회 이상이라는 조건은 대세 상승 중이거나 대세 상승 이후에도 240일선이 지속적으로 우상향인 상태가 유지되어야 한다는 뜻입니다. 하지만 98회는 안 되고 99회는 된다라기보다는 일봉의 다양한 흐름을 수치적으로 묶을 수밖에 없는 검색식의 특성상 어쩔 수 없이 99회로 한정 지어 놓았다고 생각해야 합니다.

③ C, 주가이평 비교: [일] 0봉 전 (저가 1) 이평 ≤ (종가 240) 이평 1회 이상

[일] 봉상 0봉 전(당일) (저가 1) 이동평균선이 (종가 240) 이동평균선보다 작거나 같다는 조건입니다. 이 조건은 우하향하는 캔들과 240일 이동평균선이 당일 접해 있다는 조건을 뜻합니다. 당일의 저

가가 240일선의 가격보다 아래에 있다는 뜻은 캔들이 240일선 아래로 이미 하향 돌파를 했거나 당일 하향 돌파했다는 뜻입니다. 따라서 당일 하향 돌파를 한 종목을 찾기 위해 다음의 조건들을 추가로 적용합니다.

④ D, 주가이평 비교: [일] 0봉 전 (고가 1) 이평 ≥ (종가 240) 이평 1회 이상

[일] 봉상 0봉 전(당일) (고가 1) 이동평균선이 (종가 240) 이동평균선보다 크거나 같다는 조건입니다. 이 조건은 당일의 고가가 240일 이동평균선 가격보다 높다는 뜻으로, 당일의 저가와 고가 사이에 240일선이 위치해 있어야 한다는 조건식입니다.

⑤ E, 주가이평 비교: [일] 1봉 전 (저가 1) 이평 > (종가 240) 이평 1회 이상

[일] 봉상 1봉 전(전일) (저가 1) 이동평균선이 (종가 240) 이동평균선보다 크다는 조건입니다. 이 말은 전일의 저가가 240일선 위에 위치해 있다는 뜻으로, C 조건의 당일 이전 이미 240일선을 하향 돌파했던 종목을 걸러내기 위한 조건입니다.

⑥ !F, 상세이평 돌파: [일] 1봉 전 단순 (저가 1) 이평이 단순 (종가 240) 이평을 30봉 이내 데드크로스 1회 이상

[일] 봉상 1봉 전(전일) (저가 1) 이동평균선이 (종가 240) 이동평균선을 30봉 이내에 데드크로스를 하지 않은 조건입니다. 조건명 앞에 느낌표(!)가 붙은 것은 조건 부정을 나타내므로 전일 기준 저가가 240일선을 한 달 반의 기간 동안 하향 돌파하지 않았다는 의미입니다.

⑦ !G, 상세이평 돌파: [일] 1봉 전 단순 (저가 1) 이평이 단순 (종가 240) 이평을 30봉 이내 골든크로스 1회 이상

[일] 봉상 1봉 전(전일) (저가 1) 이동평균선이 (종가 240) 이동평균선을 30봉 이내에 골든크로스를 하지 않은 조건입니다. 즉 전일 기준 저가가 한 달 반의 기간 동안 240일선을 상향 돌파하지 않았다는 의미입니다.

⑧ !H, 상세이평 돌파: [일] 0봉 전 단순 (종가 1) 이평이 단순 (종가 240) 이평을 30봉 이내 골든크로스 1회 이상

[일] 봉상 0봉 전(당일) (종가 1) 이동평균선이 (종가 240) 이동평균선을 30봉 이내에 골든크로스를 하지 않은 조건입니다. 즉 당일의 종가가 한 달 반의 기간 동안 240일선을 상향 돌파하지 않았다는 의미입니다.

⑨ !I, 상세이평 돌파:[일] 0봉 전 단순 (종가 1) 이평이 단순 (종가 240) 이평을 30봉 이내 데드크로스 1회 이상

[일] 봉상 0봉 전(당일) (종가 1) 이동평균선이 (종가 240) 이동평균선을 30봉 이내에 데드크로스를 하지 않은 조건입니다. 즉 당일의 종가가 한 달 반의 기간 동안 240일선을 하향 돌파하지 않았다는 의미입니다.

F, G, H, I는 각각 전일과 당일의 골든크로스와 데드크로스가 30일 동안 없었다는 의미로 이는 모두 당일에 240일선을 처음 접하는 종목을 잡아내기 위한 조건들입니다.

터치앤고 패턴 종목 선별 방법과 대응법

터치앤고 패턴은 차트상 시각적으로 분별하기 쉬워서 매수 대상을 쉽게 찾아낼 수 있습니다. 그리고 검색식의 특성상 종목의 검색 빈도수가 높지 않기 때문에 검색되면 매매 대응 원칙을 준수하여 매수할 수 있습니다.

터치앤고 패턴의 타점이 생기는 날은 사등분선 매매 패턴과 마찬가지로 거래량이 적은 경우가 많기 때문에 매수 가능 수량을 조절하여 한 종목의 비중을 채웁니다. 기대수익률은 3% 정도로 잡을 수 있으나 하락한다면 추가 매수하지 않고 손절매하는 것을 원칙으로 합니다.

스윙 매매 패턴 중 유일하게 터치앤고 패턴만 추가 매수를 하지 않는데 그 이유는 일봉상의 생애주기에서 대세 상승을 마치고 240일선 밑으로 하락 횡보를 시작하는 종목이므로, 추가 매수한 뒤에도 우하향이 지속될 수 있는 위치이기 때문입니다. 따라서 매수 이후 기대수익률에 미치지 못하고 하락한다면 -10%를 달성한 시점부터 분할하여 손절매하기 시작해야 합니다. 분할 손절매하는 방법은 '계좌 관리의 법칙'에서 자세하게 다루겠습니다.

터치앤고 패턴 매매 예시

제이스텍은 2023년 5월 15일 터치앤고 검색식에서 검색된 종목입니다. 이 종목은 매수 타점 직후 바로 상승하여 기대수익률을 달성했습니다(4-39).

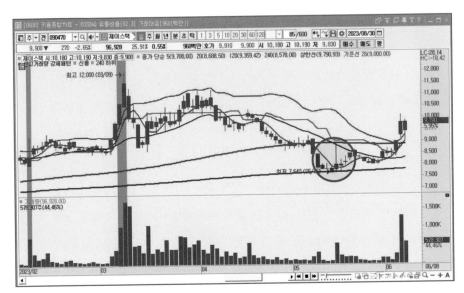

[4-39] 2023년 5월 15일 제이스텍(090470)

삼양식품은 2023년 5월 15일 제이스텍과 함께 검색식에서 검색
된 종목입니다(4-40). 이 종목은 매수 타점 이후 5월 30일까지 하락
하였습니다. 매수가 대비 저점까지 −10%를 달성하지 않았기 때문
에 보유 대응하여 6월 초 반등세에 힘입어 기대수익률을 달성했습
니다.

한국수출포장은 2023년 6월 15일 검색식에서 검색된 종목입니
다(4-41). 이 종목은 매수 타점 익일 3% 수익을 달성하였으며, 2023
년 8월까지 고점을 높이며 우상향하였습니다. 이렇게 계속 우상향
할 것처럼 보여도 이런 위치는 언제든지 240일선 밑으로 흘러내려
장기간 하락 횡보할 수 있다는 점을 잊지 말아야 합니다.

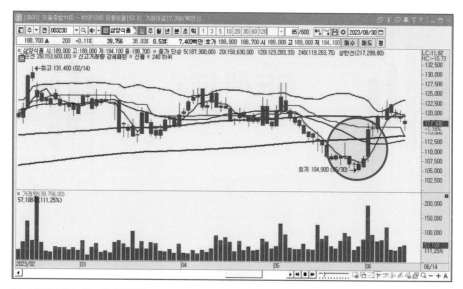

[4-40] 2023년 5월 15일 삼양식품(003230)

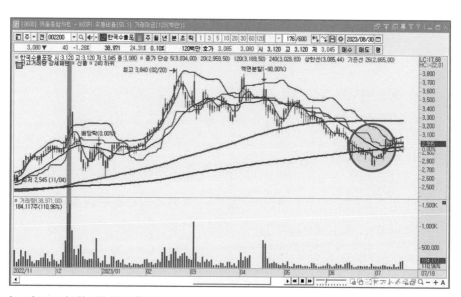

[4-41] 2023년 6월 15일 한국수출포장(002200)

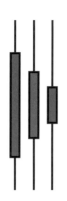

매도 시나리오
설정하기

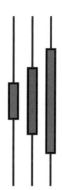

볼린저밴드를 활용한 매도 타점 잡기

흐름 패턴에 맞춰 성공적으로 종목을 매수했다면 매도를 위한 시나리오를 정합니다. 기본적 분석의 경우 테마의 크기나 이슈의 소멸성 여부 등을 판단하여 보유를 결정하겠지만, 기술적 분석의 경우에는 매수 시점을 기준으로 기대수익률을 산정하여 철저하게 원칙적으로 매도합니다. 저는 대부분의 종목이 우상향하는 대세상승장에서는 기대수익률을 10%로 맞춰놓고 대응했습니다. 이렇게 하니 높은 확률로 수익실현을 할 수 있었습니다. 하지만 코로나-19 엔데믹이 선언되고 비이성적으로 폭등했던 주식시장이 점차 제자리를 찾아가면서 종목들의 상승과 하락 흐름의 변동성이 커졌기 때문에 현재는 기대수익률을 5%로 낮추어 대응하고 있습니다.

만약 하루 종일 주식시장을 주시할 수 있고 실시간으로 매도 대응이 가능한 투자자라면, 장 시작 이후 보유종목을 관찰하며 기대 수익률에 근접한 종목을 대상으로 흐름에 따라 유연하게 대응할 수 있을 것입니다. 이를 위해 활용할 수 있는 대표적인 보조지표로는 볼린저밴드가 있습니다.

주가가 볼린저밴드 상단선을 돌파할 확률은 2.5%밖에 되지 않기 때문에 주가가 기대수익률에 근접했을 때 혹은 당일 흐름에서 상단선 돌파 시도 직전에 매도하거나, 돌파 후 지지가 되는지에 따라 매도 대응을 할 수 있습니다. 하지만 직장인과 같이 매 순간 대응하기 어려운 투자자라면 기대수익률을 3% 미만으로 설정하여 HTS에서 제공하는 자동 매도 기능을 활용하는 것을 추천합니다.

HTS에서 제공하는 자동 매도 기능 중에는 HTS 실행 여부와 상관없이 90일 동안 작동되는 [[0624] 주식 자동감시주문] 프로그램이 있습니다. 이 프로그램을 활용하면 주식시장에 참여하지 못하는 상황에서도 매도할 수 있습니다.

주식 자동감시주문 프로그램 설정하기

처음 [[0624] 주식 자동감시주문] 창을 켜면 제일 먼저 [주문자동감시주문 사전 이용 동의] 창이 뜹니다. 1번부터 8번까지 체크하고 마지막 동의란에 체크한 후 [동의] 버튼을 눌러야 프로그램을 이용할 수 있습니다.

우리가 사용할 조건은 [잔고편입 자동 매도] 기능입니다. 해당 탭으로 이동한 뒤 오른쪽 상단의 [트레일링 스탑]을 선택합니다. 트레일링 스탑이란 현재가가 고점 대비 일정 수준 하락하면 해당 종목에 대하여 매도(청산)주문을 실행하는 것을 말합니다. 감시 시작 시점을 기준으로 최소한의 이익을 보장하려면 목표가를 설정하여 현재가가 목표가에 도달한 후 일정 수준의 하락이 이루어지면 주문이 실행됩니다. 현재가(고가)가 목표가를 돌파한 후 하락하지 않고 계속 상승할 경우 고가 갱신에 따라 목표가도 갱신되어 더 많은 이익을 낼 수 있습니다.

그리고 감시 조건 설정에서 목표가 사용에 체크한 뒤 감시 기준가를 '감시 시작 시점 현재가'로 설정합니다. 잔고편입 시점이 감시 시작 시점이기 때문에 우리의 감시 기준가는 매수가가 되는 것입니다. 목표가는 '3.23%(0.23%는 세금과 수수료)'로 설정하고 트레일링 감시 중 '2.00%' 하락 시 스탑 주문으로 설정해줍니다. 그리고 [조건 추가] 버튼을 누르면 아래 조건식이 추가됩니다.

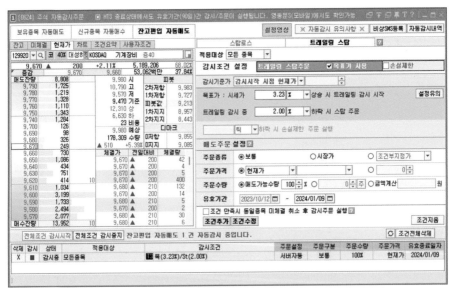

[4-42] [[0624] 주식 자동감시주문] 창이 활성화된 모습

설정한 내용을 풀어 설명하자면 매수가 대비 3.23% 상승하는 순간부터 현재가를 추적 관찰하여, 상승할 때는 매도주문이 실행되지 않다가 2% 하락이 나오는 순간 매도주문이 자동으로 이루어지게 됩니다. 만약 내가 매수한 종목이 3.23% 상승 후 추가로 2% 상승하였고(총 5.23% 상승 중), 그 후 다시 2% 하락하게 된다면 3% 수익률인 상태에서 자동 매도주문이 실행됩니다. 이렇게 하면 기대수익률을 안정적으로 확보할 수 있고, 기대수익률을 달성한 후 하락하는 종목이 손실로 전환하는 상황까지 방지할 수 있게 됩니다.

이번 챕터에서 10년 이상 주식 투자를 하며 발견한 모든 매매 패턴을 알려드렸습니다. 이 책에서 만들어진 모든 검색식과 이론적인 설명을 영상으로 다시 한번 듣고 싶은 분들께서는 네이버 카페에서 확인할 수 있습니다. 또한 키움증권 영웅문 HTS의 [[1535] 반복검증]이라는 프로그램을 통해 과거 검색식에서 검색된 모든 종목을 스스로 리뷰하며 공부할 수 있습니다.

Tip

함께 공부하는 실전 투자 스터디

2022년 1월 러시아-우크라이나 전쟁으로 인해 스윙 투자가 어려워졌습니다. 그래서 네이버 책전주식 스터디카페에서 실전 투자 스터디를 시작했습니다. 한 달에 한 번 주제를 정해 많은 참여자와 함께 과제를 수행하고 조별 모임도 하면서 하락장에서 사용할 수 있는 다양한 스윙 매매 패턴을 연구했습니다. 그렇게 1년 동안 7~8회 정도의 실전 투자 스터디를 진행했습니다. 그사이 엄청나게 성과가 좋은 검색식들을 많이 만들어냈고, 또 유튜브 영상 콘텐츠로 공유하기도 했습니다. 이때 만들어진 검색식들과 다양한 패턴은 양이 너무 방대하여 아쉽게도 이번 책에서는 다루지 못하지만 네이버카페에서 스윙 투자 특강 영상으로 확인할 수 있습니다.

계좌 관리의 법칙

계좌를 쪼개자

수년 동안 쉴 새 없이 공부하며 매매하기를 반복하고 새로운 기법을 발견할 때마다 유레카를 외쳤지만 도대체 왜 실전 매매에서는 수익률이 항상 우하향하는 걸까요?

정답은 계좌 관리에 있습니다. 여러분은 대부분 한두 종목에 몰방하는 방식으로 주식 투자를 하고 계실 것입니다. 처음에는 소액으로 다양한 종목을 매수하지만 점점 하락하는 종목을 보고 있자면 일부 수익 나는 종목을 매도하여 하락하는 종목에 물을 탑니다. 이것이 반복되다 보면 한두 종목에 시드의 대부분이 들어가 있는 모습을 발견할 것입니다.

저의 스윙 투자는 다분할을 원칙으로 합니다. 몰방 투자와 다분할 투자는 각각의 장단점이 분명히 존재합니다. 몰방 투자는 한 번에 큰 수익을 볼 수 있는 반면, 투자한 종목이 하락하면 그저 종목이 다시 올라가기만을 기다려야 합니다. 반대로 다분할 투자는 시간이 지나도 수익 금액은 크지 않다는 단점이 있지만, 꾸준한 매매를 통해 손실과 수익을 반복하며 천천히 우상향하는 계좌를 만들 수 있다는 장점이 있습니다.

어떤 것이든 정답은 없습니다. 하지만 과거 투자했던 모습의 결과가 손실 중이라면 답은 분명히 정해져 있을 것입니다.

수익률부터 다시 계산하자

아마 대부분은 수익률을 계산할 때 본인이 가지고 있는 전체 시드를 기준으로 수익률을 계산할 것입니다. 하지만 다분할 매매에서는 한 종목에 투자하는 시드를 기준으로 수익률을 계산합니다.

A라는 투자자가 1,000만 원의 시드가 있다면 기본적으로 20분할하여 한 종목에 50만 원씩 투자합니다. 그렇다면 앞으로는 50만 원의 금액을 기준으로 수익률을 계산해야 합니다. 또한 추가 매수를 감안하여 종목당 최대 한도를 정해놓아야 합니다. 종목당 50만 원씩 투자하기로 했다면 2차 매수 금액을 포함하여 50만 원인지, 분할 매수를 감안하여 100만 원까지 투자할 것인지 등을 정해놓아야 합니다.

A, B, C, D 종목에 각각 50만 원씩 투자하고 A, B 종목에서 각각 3%씩 수익실현을 하였다면 한 종목 투자 시드 대비 6%의 수익을 올리게 됩니다. 하지만 C, D 종목이 하락하고 있다면 어떨까요?

분할 매수가 계획되어 있다면 계획대로 진행하면 되지만, 손절매를 할 수밖에 없는 상황이라면 반드시 손절매를 시작해야 합니다.

손절매의 법칙

스윙 투자에서의 손절매는 다분할 손절매를 원칙으로 합니다. 앞서 A, B 종목에서 각각 3% 수익이 났다면 C, D 종목에서 6%까지 손절매할 수 있는 여유가 생긴 것입니다. 내가 낸 모든 수익을 다 손절매에 활용할 수는 없으니 수익의 50% 또는 30%를 다른 종목의 손절매에 사용하여 원금을 회복하는 데 쓸 줄 알아야 합니다. 종목을 매수한 뒤 반등의 기미가 보이지 않는다면 시간이 흐를수록 반등의 시점은 뒤로 밀리게 됩니다. 거래량과 패턴을 보고 매수했지만 종목 특성과 이슈의 크기, 지속성에 따라 반등이 3개월 후일지 6개월 후일지는 아무도 알 수 없기 때문입니다.

따라서 수익이 아깝더라도 반드시 매수한 지 오래된 종목들을 대상으로 수익률과 손절률을 바꿔주어 원금을 회복해야 합니다. 나는 수익금으로 3%의 손실을 확정했지만 원금은 그보다 더 큰 금액이 회복될 것이기 때문에 다분할 매매에 있어 원금 확보만큼 중요한 우선순위는 없습니다.

다음의 예를 보며 다분할 손절매를 이해해봅시다.

A 종목과 B 종목에서 각각 3%의 수익을 올려 총수익금 30,000원을 보유 중이며 C 종목이 10% 손실 중일 때 3%의 손절매만큼을 상계시킬 경우

① C 종목 5,000원에 100주 매수 원금 500,000원

② C 종목 현재가 4,500원으로 하락하여 -10% 수익률, 즉 50,000원 손실 중

③ 손실금액 50,000원 중 3% 손실금액은 15,000원(원금 대비 3% 손실금액)

④ 현재가 4,500원에 30주를 매도하여 최초 5,000원에 매수했던 30주 대비 15,000원만큼 손실금 확정

⑤ A 종목에서 수익 난 15,000원으로 C 종목의 손실을 확정하였으므로 손실 없이 원금 135,000원을 회수하게 됨

⑥ 회수된 135,000원은 다른 종목을 매수하는 원금으로 사용

이렇게 꾸준히 수익 대비 손실을 회복하며 매매를 진행한다면 비록 눈에 보이는 수익률은 작을지라도 꾸준하게 원금보다 높은 수익률로 계좌를 유지할 수 있게 됩니다. 생각보다 낮은 기대수익률로 실망하는 분들도 있을 것입니다. 다시 한번 강조하자면 주식 투자는 마라톤과 같습니다. 단발성으로 높은 수익을 내게 된다면 반드시 그만큼 빠른 시간 안에 손실로 전환할 가능성이 큽니다. 우리가 주식 투자를 하는 목적은 손실을 보유한 계좌를 보며 매일매일 반등이 오기를 기도하는 삶을 사는 것이 아닌, 작지만 꾸준하게 수익을 주며 우리 삶을 조금이나마 윤택하게 만들어주는 투자를 하는 것입니다. 한 종목 또는 소수 종목에 몰방하는 투자를 한 뒤 불안하게 기다리는 매매를 하셨던 분들은 반드시 매매 스타일을 바꿔야 합니다. 작은 수익이라도 만족하며 삶을 여유롭게 즐길 수 있는 투자자로 거듭나시길 바라겠습니다.

지금까지 주가의 상승 이론과 종목 선정을 위한 검색식, 그리고 실전 매매에서 필요한 계좌 관리법까지 알려드렸습니다. 사실 챕터 4까지의 내용을 달달 외울 정도로 공부하고 체화한다면 아마 남은 평생 동안 주식 투자에 대해 더 이상 공부할 것이 남아 있지 않을 만큼 충분한 주식 투자 기법을 얻으셨을 것이라고 감히 말씀드리고 싶습니다.

　하지만 주식 투자로 수익을 내는 방법은 스윙 투자 하나만 있는 것이 아닙니다. 주식장이 열리는 단 6시간 30분 동안 매매하며 수익률을 극대화하는 주식 투자의 끝판왕인 단타 매매법도 있습니다. 하루에 수백, 수천만 원의 수익을 거둘 수 있지만 가장 달성하기 어려운 단타 매매를 다음 챕터에서 다뤄보겠습니다.

Chapter 5

수익의 극대화를
꿈꾼다!
단타 매매

25

깡통 찰 준비는
되셨나요?

사람들은 왜 단타 매매에 열광할까?

유튜브나 주식 커뮤니티를 보면 하루에 수십만 원에서 많게는 수천만 원의 수익을 올리는 데이 트레이더들의 모습을 심심치 않게 볼 수 있습니다. 단타 매매는 시간에 투자하는 스윙 매매와는 달리 단 몇 초에서 몇 시간 동안만 보유하고 매도하여 시드 회전율을 높여 수익을 극대화하는 매매법입니다. 사람들이 단타 매매에 열광하는 이유는 데이 트레이더라는 포지션이야말로 매일 수익을 창출할 수 있는 주식 투자의 끝판왕이기 때문입니다.

한 가지 사례를 들어보겠습니다. 5,000만 원의 시드를 동일하게 보유한 에코 씨와 프로 씨라는 투자자가 있습니다. 에코 씨는 스윙 투자자로 시드를 10분할하여 종목마다 500만 원씩 투자하고 있습니다. 승패는 갈리지만 시나리오를 세워 대응해나가며 꾸준히 수익을 누적시키고 있습니다. 프로 씨는 시드 5,000만 원 중 2,000만 원으로 단타 매매를 하고 있습니다. 장중에만 투자하며 때로는 손실을 볼 때도 있지만 운이 좋으면 한 번 매매로 100만 원 이상 수익을 낼 때도 있습니다.

단기간을 기준으로 보면 꾸준히 수익을 내고는 있지만 전체 시드 대비 수익률이 낮은 에코 씨와 비교해 단타 매매로 하루하루 크게 수익을 낼 수 있는 프로 씨가 훨씬 더 매력적인 투자자로 보입니다. 여러 증권사가 진행하는 투자대회에서 단타 매매를 하는 투자자가 항상 상위권을 차지하는 사실만 보더라도 매일매일 큰 수익을 내는 단타 매매가 모든 주식 투자자가 꿈꾸는 경제적 자유의 상징인 듯 보입니다. 하지만 단타 매매가 정말로 수익 극대화를 실현시켜주는 꿈의 매매법일까요?

주식 투자를 오래하다 보면 어느 순간 차트 보는 눈이 생기고 종목의 흐름이 보이기 시작합니다. 우리나라 주식 종목 대부분은 240일선을 기준으로 패턴화되어 움직이기 때문에 시나리오를 짜고 대응만 잘한다면 누구나 매매에 노련해질 수 있습니다. 따라서 스윙 투자는 직장인, 대학생, 가정주부 등 대한민국 국민 누구나 투자 경력이 쌓이고 매매 횟수가 많아지면 자연스럽게 내공이 쌓이고 고수의 반열에 오를 수 있습니다. 하지만 단타 매매는 어떨까요? 단타 매매도 경력이 오래되고 매매 경험이 많으면 노련해지고 능숙해질까요? 정답은 '절대 아니다'입니다.

도대체 답이 안 보이는 단타 매매

유튜브에 단타 매매를 검색해보면 수많은 기법이 나옵니다. 5일선 기법, 20일선 기법, 가격박스 기법, 시황 매매법, 돌파 매매법, 눌림 매매법, 스캘핑, 되돌림 매매법, 피보나치 비율 매매법 등 셀 수 없을 정도로 많은 기법이 쏟아지고 있습니다.

A 매매법이 확률이 높다고 해서 적용해보니 하루 이틀 수익이 나기 시작합니다. 유레카를 외치고 3일째 되는 날 매매를 시작하지만 시작부터 손실이 커지고, 결국 이틀 동안 벌어둔 수익을 모두 다 날립니다. 다시 검색으로 얻어낸 B 매매법을 적용해보니 또 하루 이틀 수익이 나기 시작합니다. 두 번째 유레카를 외칩니다. 하지만 3일째 되는 날부터 손실이 커지더니 이전보다 더 큰 손실을 맛보게 됩니다. A, B, C, D⋯ 시간이 갈수록 배우고 실천한 단타 매매 기법은 많아지고 다양한 경험도 쌓았지만 여전히 수익은 안정화되지 않습니다. 잘되다가도 한 번의 실수로 손실로 전환하는 경험을 반복하게 됩니다. 야심차게 시작한 단타 계좌는 어느새 깡통이 되어 망연자실하게 됩니다.

저도 이 같은 경험을 수도 없이 반복했습니다. 주력 매매 스타일을 스윙 매매에서 단타 매매로 전향한 뒤 몇 년 동안 엄청난 손실을 냈습니다. 단타로 하루 10만 원만 벌어도 소원이 없겠다고 생각했던 제가 오전이면 100만 원의 수익을 손쉽게 채울 만큼 기법적으로는 완성됐다고 생각했습니다. 처음 10만 원이었던 목표 수익금은 어느새 300만 원까지 늘어났고, 매일매일 무조건 목표 수익금액을 달성해야 한다는 말도 안 되는 고집을 부렸습니다. 그 누구도 나에게 강요하지 않았지만, 스스로 만들어낸 허상과 같은 목표 금액 300만 원에 집착했습니다. 하루 100만 원의 수익을 푼돈으로 인식하게 될 만큼 돈에 대한 개념이 약해져 있었습니다. 이 과정에서 미수라는 제도를 사용해 내 그릇에 맞지 않는 큰 금액으로 매매하게 되었고, 손실이라도 나면 복구를 위해 무리한 뇌동 매매를 반복하며 누적 손실을 키워왔던 것입니다.

계속해서 모두 잃기를 반복했고, 그동안 스윙 투자로 벌어들였던 수익금까지 모두 까먹게 되면서 결국 깡통을 차게 되었습니다. 이제 남아 있는 투자금이라곤 마이너스 통장으로 마련한 대출금이 전부였습니다. 저는 자신감을 상실했고 엄청난 불안감에 휩싸였습니다.

'지난 10년 동안 주식으로 이것저것 안 해본 게 없는데 왜 단타 매매는 안 될까? 내가 썼던 수많은 단타 매매 기법 중에 쓸 만한 게 하나도 없었을까?'

'아니야, 있었어. 분명 나랑 잘 맞고 내가 수익을 잘냈던 매매법이 있었는데 거기에 만족하지 못하고 계속 수익 극대화를 위한 매매법을 찾아 헤맸던 것 같아.'

저는 뒤늦게 깨달았습니다. 단타 매매에서 가장 중요한 것은 기법이라고 생각했지만 다름 아닌 절제였습니다. 수많은 단타 매매 기법 중에 내가 뭘 가장 잘하는지 되짚어보고 내가 잘하는 것 하나만 남겨두고 나머지 기법들은 다 버리자고 생각했습니다. 또, 아침 8시부터 시간 외 거래가 끝나는 오후 6시까지 한시도 긴장감을 늦추지 않고 붙잡고 있던 HTS에서 벗어나기 시작했습니다. 300만 원을 채워 수익을 내야 한다는 압박감을 버리고 '내가 잘하는 매매로 딱 한 번만 성공시키자'라는 생각으로 집중하게 되었습니다.

처음엔 매매에 중독된 나 자신을 통제하기 쉽지 않았습니다. 하지만 이번이 마지막 기회라는 말을 의식적으로 반복하다 보니 서서히 뇌동 매매에 시달리던 저의 모습이 사라지기 시작했습니다. 수익이 날 확률이 높은 타점의 모습을 머릿속에 그려놓고 그 모습과 맞아떨어지는 순간이 올 때까지 기다렸습니다. 매수와 매도 타점을 정교화하기 위해 호가창과 체결창을 집중적으로 연구하기 시작하니 점차 손절의 폭이 작아지고 수익 확률이 안정화되기 시작했습니다.

단타 매매를 완성하기 위해 해야 할 일

좋은 매매법이 있는데도 깡통을 차는 이유는 딱 한 가지입니다. 바로 마인드셋 문제입니다. 단타 매매를 완성시키기 위해 반드시 해야 할 일은 자기성찰입니다.

성공적인 단타를 위해 그간 시도했던 여러 가지 매매 기법 중 내가 가장 잘하는 매매법이 반드시 하나 이상은 존재할 것입니다. 단타 매매의 완성은 바로 여기서부터 시작합니다. 내가 가장 잘 이해하고 수익률이 제일 좋은 매매법 하나를 선택해 집중해야 합니다. 나머지 기법들은 과감하게 포기할 줄 알아야 합니다. 하지만 대부분의 사람은 이렇게 하지 못합니다. 단타 매매로 성공하기 위해서 단 1분도 쉬지 않고 시간대별, 유형별로 먹히는 기법들을 모두 써가며, 머릿속으로는 하는 매매마다 100%의 확률로 수익 극대화를 이루는 단타 전문 트레이더를 꿈꿉니다. 그렇게 같은 행동을 반복하면서 손실만 쌓아갑니다.

'지금 이 종목 예전에 누가 말했던 것 같은데 그 종목인가? 아, 그 급등 패턴 아냐? 엄청나게 급등하네? 어쩌지? 에잇, 그냥 사 버리자!'

잘 모르는 종목인데 갑자기 급등하니 나도 모르게 따라 들어가는 이유는 무엇일까요? 수익이 날 것 같으니까, 지금 이걸 놓치면 수익을 놓칠 것 같으니까 하는 심리적 손실을 느끼기 때문입니다. 이런 매매는 대부분 내가 사자마자 가격이 내려갑니다. 그리고 경험을 통해 손실이 날 것이라는 사실을 어렴풋이나마 알고 있지만, 내가 보지 못한 수익에 대한 충동을 억제하지 못해 뇌동 매매를 반복하게 되면서 손실이 자꾸 쌓이는 것입니다.

충동을 억제하기 위해서는 이성적으로 뇌동 매매라는 것을 인지해야 합니다. 하지만 수익률에 대한 욕심을 심리적 손실로 인식해 회피하려는 인간의 본능이 이성적인 판단보다 앞서기 때문에 자주 매수에 들어가 손실을 봅니다. 그리고 그 손실을 복구하기 위해서 또다시 매수에 들어가고, 또 손절매하기를 반복하다 결국은 깡통까지 가게 되는 것입니다.

내가 잘하는 매매를 딱 한 번만 하고, 그 매매에서 수익이 나면 당일 매매를 종료할 수 있어야 합니다. 하지만 욕심을 절제한다는 것은 생각보다 쉽지 않습니다. 우리는 인간이기 때문에 금전적인 욕심을 절제할 수 있는 사람은 그리 많지 않을 것입니다. 적어도 저는 잘 되지 않았습니다. 하지만 또 뇌동 매매를 반복하고 손실을 보다 보면 결국엔 단타 매매를 안정화하고 수익을 누적하는 단 하나의 방법은, 머릿속에 그렸던 종목을 기다렸다가 수익을 낸 단 한 번의 성공적인 매매, 오전에 만들었던 수익을 오후 장까지 지켜내는 것이라는 사실을 인정하게 될 것입니다.

이 사실을 깨닫고 받아들이고 내 것으로 만드는 데에는 상당한 시간이 필요할 것입니다. 그래서 그 과정 속에 반드시 한 번은 깡통을 차게 될 것이라고 조심스럽게 말씀드려 봅니다. '나는 아니겠지'라고 생각하는 분도 예외는 없습니다. 인간의 기본적인 심리, 돈에 대한 욕심과 욕구를 거슬러야 하기 때문에 엄청나게 힘든 여정이 될 것입니다.

단타 매매를 완성하기 위해서 반드시 깡통을 차야 한다면 삶에 영향을 주지 않는 소액으로 시작해야 합니다. 기법을 만들어가는 과정에서도 손실이 날 것이며, 기법적으로 어느 정도 완성되어도 심리적인 부분을 잡지 못해 손실이 날 것이기 때문입니다. 다만 이러한 손실이 누적되어 여러분의 인생을 힘들게 만들어서는 안 됩니다.

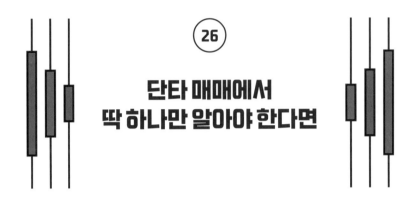

단타 매매에서
딱 하나만 알아야 한다면

단타 매매에서 가장 중요한 것은 시세차익

단타에는 수많은 기법이 존재합니다. 전날 장 마감 이후부터 당일 장 시작 전까지의 기사와 뉴스를 분석해 당일 상승이 기대되는 종목을 미리 선정하는 기본적 분석 매매법, 장 시작 이후 특정 기준에 의하여 종목이 검색되는 조건 검색식에 나타나는 종목을 매매하는 기술적 분석 매매법, 장중 특징주 뉴스와 이슈를 활용하여 급등주를 노리는 시황 매매법 등 셀 수 없을 정도로 많은 매매법이 있습니다. 어떤 기법이 좋은지 나쁜지를 말씀드리려는 것이 아닙니다. 어떠한 기법을 사용하여 매매하든지 단타 매매라는 것은 스윙 매매와는 다르게 단 한 가지 사실을 근간으로 접근해야 한다는 것입니다.

단타에서 딱 하나야만 알아야 한다면 그건 바로 '시세차익'입니다. 단타의 핵심은 '시세차익 실현'입니다. 말 그대로 내가 산 가격보다 비싸게 판다는 의미입니다. 단타 매매는 기본적으로 장중 매매입니다. 따라서 이 종목이 현재 저평가되어 있든 고평가되어 있든, 오늘 상한가를 갈 만한 재료이든, 내일까지 상승세를 이어가든 전혀 매도에 영향을 주지 않습니다. 오직 당일에 시세차익을 실현시켜 수익을 확정짓는 매매법입니다.

이렇게 단타를 시세차익을 실현시키는 매매라고 규정짓고 접근한다면 자연스럽게 손절매를 하지 못할 이유가 사라집니다. 내가 매수한 뒤 매수한 가격보다 떨어지고 있다? 당연히 망설일 필요 없이 매도할 수 있게 됩니다. 나에게 시세차익을 주지 않는 종목은 빠르게 내다 버려야 합니다.

시세차익 실현을 위한 종목 선정법

단타 매매할 종목을 선정하는 방법에는 여러 가지가 있지만, 크게 두 가지로 분류할 수 있습니다. 종목의 재료와 시황을 기준으로 하느냐, 하지 않느냐입니다.

재료와 시황을 기준으로 매매할 때에는 전일부터 장 시작 전까지의 뉴스를 분석해 미리 당일 상승할 것으로 예상되는 섹터와 테마를 정하고 관련 종목을 선정해 그 종목들이 시세를 줄 때까지 기다립니다. 이렇게 기다렸다가 시세를 줄 때 매수하여 원하는 목표 수익을 달성하고 매도합니다.

반대로 재료와 시황을 분석하지 않고 그 두 가지의 특성을 기술적 분석 지표로 치환하여 매매하는 방법입니다. 주가가 상승하고 그 상승세를 유지하기 위해서는 거래량과 거래대금이 최근 평균 거래일보다 대량으로 유입되어야 합니다. 재료와 시황을 기술적 분석으로 치환한 지표가 바로 거래량과 거래대금인 것입니다. 따라서 굳이 재료와 시황을 고려하지 않더라도 일정량 이상의 거래량과 거래대금이 유입된 종목을 대상으로 매수 타점을 노려 매매하는 방법도 같은 결과를 가져올 수 있습니다.

저는 단타 매매를 위한 종목을 선정할 때 기술적 분석을 사용합니다. 어차피 급등하는 종목은 이슈와 시황을 내포하고 있으며, 치솟는 거래량과 거래대금이 이를 증명합니다. 그래서 기술적 분석을 사용하면 종목 분석에 많은 시간을 투자하지 않아도 된다는 장점이 있습니다. 거래량과 거래대금을 기준으로 다른 보조지표들과 함께 조합하여 급등하는 종목을 빠르게 잡을 수 있는 조건 검색식을 만들어서 이 조건에 부합하는 종목이 검색되면 매매합니다.

사실 단타 매매에서 종목 선정만큼이나 중요한 요소는 매수한 뒤에 이 종목이 상승할지 하락할지를 순간적으로 판단할 체결창과 호가창을 분석하는 것입니다. 하지만 매수 전 종목 분석에 너무 많은 시간을 쏟게 되면 종목에 대한 비이상적인 신뢰가 생겨 매도할 타이밍을 놓치는 실수를 범할 수 있으므로 조심해야 합니다. 다시 한번 강조하지만 단타 매매에서는 주가가 내가 매수한 가격보다 높이 올라갔을 때, 내가 원하는 수익률 또는 수익금을 주었을 때 매도하는 '시세차익 실현'이 가장 핵심입니다.

단타 매매의 종류

저는 단타를 크게 세 가지로 구분을 하고 있습니다.

① 돌파 매매: 파동을 이용한 전고점 돌파 매수
② 눌림목 매매: 파동의 지지점을 이용한 눌림 매수
③ 스캘핑: 호가창과 체결창 분석을 이용한 순간 급등 매수

주가가 직선으로 상승하거나 하락하는 경우는 거의 없습니다. 파동을 그리면서 상승합니다. 앞서 설명했던 돌파 매매와 눌림목 매매는 파동을 이용하여 매수 타점을 잡는 매매법입니다.

상승 파동에서 최초에 만들었던 고점을 기준으로 하락하여 두 번째 상승 파동으로 올라가기 직전의 지지점을 눌림 매매의 매수 타점으로 봅니다. 그리고 다음 상승 파동이 시작되어 최초 고점을 돌파하는 곳을 돌파 매매의 매수 타점으로 보는 매매 기법입니다.

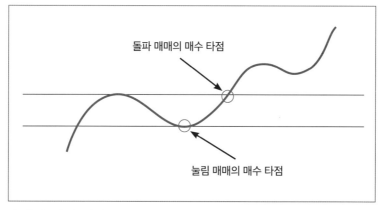

파동을 이용한 매수 타점

투자자의 개인 성향에 따라 눌림을 확인한 뒤 한 템포 늦게 매수하는 방식과 돌파 직전 또는 직후를 노리는 타점 등 다양한 변수를 적용하여 자신만의 매매 스타일을 구축할 수 있습니다.

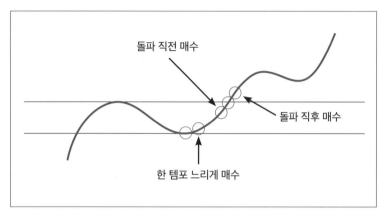

파동을 이용한 변형 매수 타점

다만 중요한 점은 이렇게 돌파 매수 타점과 눌림 매수 타점이 사용될 정도로 당일 거래량과 거래대금 그리고 시세를 주는 종목을 선택해야 승률이 높아진다는 점입니다. 대부분의 고수 트레이더의 단타 매매를 비교해보면 매매 대상 종목이나 타점이 상당히 유사한 것을 볼 수 있습니다. 따라서 항상 단타 매매 종목을 선정할 때에는 당일의 시장을 주도하는 테마 또는 주요 이슈를 가진 종목인지를 고려하는 것이 도움이 될 것입니다.

단타 매매 타점은 당일 주도하는 종목의 파동에서뿐만 아니라 순간적으로 급등하는 모습에서도 나타납니다. 순간적으로 시장의 관심을 받아 크게 급등하는 구간에서 매매하여 시세차익을 얻는 매매법이 바로 스캘핑입니다. 어떻게 보면 스캘핑과 돌파 매매는 통하

는 부분이 있습니다. 바로 급등 시 순간적으로 많은 매물대를 소화
한다는 점입니다.

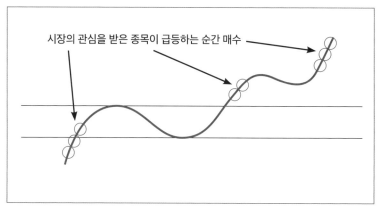

시장의 관심을 받은 종목이 급등하는 순간 매수

파동의 외적인 부분에서 발견할 수 있는 스캘핑 매수 타점

실전 매매 예시 1

2023년 5월 26일 거래한 소룩스라는 종목을 보시죠(5-1). 일봉상
5월 15일부터 엄청난 거래량이 유입되면서 연속 상한가를 기록했
습니다. 이후 거대한 음봉이 두 번이나 출현했지만 다음 흐름에서
모두 양봉으로 회복했습니다.

3분봉(5-2)을 살펴보면 11시 40분쯤 시작된 굉장히 큰 수급이 매
물을 흡수하는 모습이 포착되었고, 12시 부분에 최초 고점을 형성한
뒤에 약 2시간가량 횡보하다 장 마지막에 상한가에 들어간 모습입
니다.

처음 제가 매수했던 타점은 시세를 주는 초입을 포착하여 매수
했고, 12시경 만들어진 고점에서 더 이상의 상승 흐름이 나오지 않
아 하락 반등이 시작될 무렵 매도하고 나왔습니다. 그러다 오후 2시

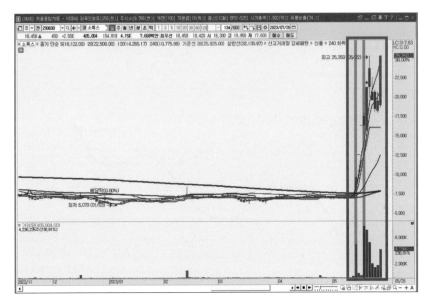

[5-1] 2023년 5월 26일 소룩스(290690) 일봉 차트

[5-2] 2023년 5월 26일 소룩스(290690) 3분봉 차트

하루 10분 매일 월급 버는 기적의 매매 공식

30분경 갑자기 들어오는 수급을 포착하여 직전에 만들어두었던 고점을 돌파하려는 모습에 매수하고, 오후 3시가 넘어갈 때 한 번에 상한가에 안착하지 못하고 멈칫하는 순간에 매도했습니다.

이 매매에서 사용한 매매 기법이 돌파 매매와 스캘핑 매매입니다. 돌파 매매란 내가 기다리는 정확한 타점에서 강한 매수 수급이 들어오는 모습을 보면서 같이 매수하는 매매 스타일을 말합니다. 스캘핑이란 내가 기다리는 타점은 아니지만 강한 매수 수급이 들어오는 순간 함께 매수하여 흐름을 타는 매매법을 말합니다.

최초 고점을 만든 뒤 지지를 보이는 눌림 타점에서는 매매하지 않았는데, 그 이유는 일봉상의 위치에서 리스크가 있었기 때문에 눌림 타점까지는 접근하지 않았습니다. 5월 중 급등했던 소룩스는 5월 26일 일봉 앞에 대량 음봉 거래량을 동반한 고점들이 많았는데, 그 고점에 물려 있는 물량이 26일 반등에 대량 출하할 가능성이 크기 때문에 리스크가 있다고 보았습니다. 240일선 상위 패턴의 일봉이 가장 당일 매매하기 좋은 일봉입니다.

실전 매매 예시 2

2023년 8월 11일 진영이라는 종목의 일봉 차트(5-3)와 3분봉 차트(5-4)입니다. 강한 수급과 함께 VI(변동성 완화장치)가 발동되었고 2분간의 동시호가를 끝마친 뒤 주가가 2% 갭 상승으로 강하게 시작하는 모습을 포착했습니다. 1분간 상승세와 VI가 풀렸던 가격을 지지하는 모습을 추적 관찰하면서 매수에 접근했습니다. 그 이후 고점을 갱신하는 매수세가 주춤하는 모습을 보이자 전량 매도했으며, 매도 직후 다시 매수 수급이 들어오며 전고점을 돌파하는 모습

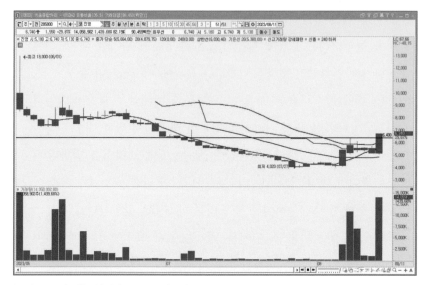

[5-3] 2023년 8월 11일 진영(285800) 일봉 차트

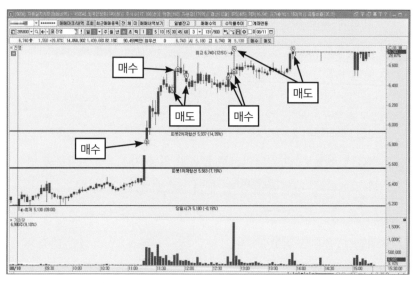

[5-4] 2023년 8월11일 진영(285800) 3분봉 차트

에 다시 스캘핑으로 매수 접근해보았지만 돌파가 이어지지 않아 짧은 손절매를 했습니다.

12시경 이미 상한가에 접근했던 종목이고 다시 한번 강한 모습을 보인다면 상한가에 안착할 것이라는 시나리오를 세우고 꾸준히 지켜보다가 다시 한번 매수 수급이 들어오는 모습을 캐치하여 매수 체결한 뒤 상한가에 매도하였습니다. 곧바로 상한가가 풀렸고, 순간 눌림목에서 다시 한번 매수로 접근하여 약 1시간 보유한 뒤 다시 상한가에 들어갈 때 매도하고 나온 모습입니다.

종목명	수량	매입가	매도체결가	실현손익	수익률	수수료	세금	신용이자
진영	2,203	5,860	6,330	1,003,501	7.77	4,020	27,889	
진영	2,231	6,596.72	6,470	-315,939	-2.15	4,360	28,869	
진영	2,358	6,510	6,740	505,875	3.30	4,680	31,785	
진영	2,488	6,570	6,740	384,462	2.35	4,960	33,538	

[5-5] 진영(285800) 매매 내역

실전 매매 예시 3

2023년 8월 11일 와이랩이라는 종목은 상장한 지 17일째 되는 신생 종목이었습니다. 단타 매매에서 가장 중요하게 여기는 요소 중 하나는 바로 일봉의 캔들인데 와이랩은 상장 이후 연일 하락하다가 8월 4일부터 강한 매수 수급이 몰리면서 하락 반등하는 모습을 보여주고 있는 중요한 위치의 종목이었습니다(5-6).

8월 11일의 모습에서 가장 중요한 요소는 8월 8일에 만들어둔 장대음봉이 고점 돌파를 시도할 것인지, 아니면 그 음봉의 일부라도 회복시켜줄지가 관건이었습니다. 오전 장에 이미 23%의 고점을 형성할 정도로 많은 매수 수급과 매물대를 소화하는 모습을 3분봉에서도 찾아볼 수 있었습니다(5-7). 그리고 장중에 전고점을 돌파하는 매수 수급이 다시 한번 들어온다면 충분히 돌파 매매 또는 스캘핑 매매를 해볼 만한 위치라고 생각했습니다.

장 마감 시간까지 잠잠하던 주가는 오후 3시가 넘어 요동치기 시작했고 직전 최고 고점을 넘어서는 모습은 아니었지만 강하게 들어오는 수급을 바탕으로 작은 파동들이 고점을 넘어설 수 있을 것이라는 시나리오를 짜고 스캘핑 매매에 들어갔습니다. 이미 오후 3시가 넘은 시간이라 한순간이라도 돌파를 멈추고 멈칫하는 순간 급락이 나올 것임을 알고 있었기 때문에 직전 최고 고점을 넘어서는 순간에 매도하였습니다. 매도한 뒤 조금 더 상승하는 모습을 보여주었지만 결국엔 하락하여 마감한 모습입니다.

이처럼 돌파, 눌림, 스캘핑 매매의 구분을 명확히 하여 매수 후 대응책을 시나리오로 만들어 빠른 대응을 해나가는 매매를 꾸준히 연습해야 합니다.

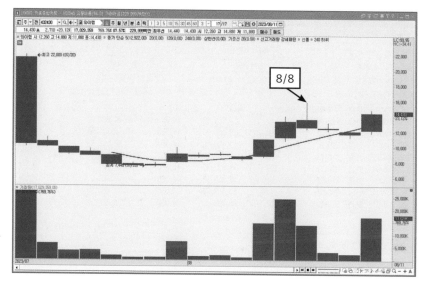

[5-6] 2023년 8월 11일 와이랩(432430) 일봉 차트

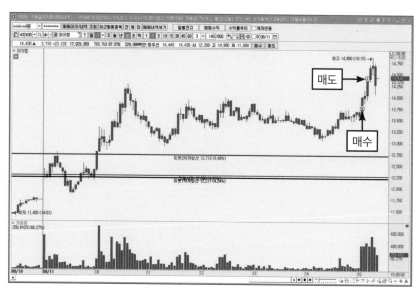

[5-7] 2023년 8월 11일 와이랩(432430) 3분봉 차트

1	[0328] 실현손익 - 일별 종목별 실현손익							

당일실현손익상세	종목별당일손익	종목별실현손익	일별실현손익

계좌번호 ▒▒▒▒▒ ▼ 책전 ○일자 2023/08/13 📅 ◉기간 2023/08/13 📅 ~ 2023/08/13 📅 조회

종목코드 432430 ▼ 🔍 코 와이랩 〉 실현손익 640,880 총수익률 3.45% 다음

* 실현손익합계는 당사 계산에 의한 추정치이며, 수수료는 체결시 수수료율로 적용됩니다.

* 일자별실현손익은 최근 1년까지만 조회가능하며, 누적조회기간은 최대 3개월까지만 조회가능합니다.

일자	구분	종목명	수량	매입가	매도체결가	실현손익	수익률	수수료
2023/08/11	현금	와이랩	66	13,839.93	14,350	31,500.42	3.45	270
2023/08/11	현금	와이랩	8	13,839.93	14,350	3,831.54	3.46	20
2023/08/11	현금	와이랩	187	13,839.93	14,350	89,236.53	3.45	780
2023/08/11	현금	와이랩	250	13,839.93	14,350	119,301.75	3.45	1,040
2023/08/11	현금	와이랩	498	13,839.93	14,350	237,621.37	3.45	2,100
2023/08/11	현금	와이랩	1	13,839.93	14,350	482.07	3.48	
2023/08/11	현금	와이랩	1	13,839.93	14,350	482.07	3.48	
2023/08/11	현금	와이랩	332	13,839.93	14,350	158,424.25	3.45	1,390

조회가 완료되었습니다.

[5-8] 와이랩(432430) 매매 내역

호가창과 체결창
실전 분석법

27

단타 매매는 특수기술이다

매수 이후 종목이 수익을 주지 않아 급락하여 큰 손실을 내거나 매수 직후 급등하여 더 큰 수익을 기다리다가 순간적으로 폭락하여 큰 손실로 매매를 마감한 경험이 있을 겁니다. 단타 매매는 매수 직후 매도를 어디에서 하느냐에 따라 당일의 수익금이 천지차이로 달라집니다. '매수는 기술이지만 매도는 예술이다'라는 오랜 주식 격언이 있을 만큼, 단타 매매에서 가장 핵심적인 요소는 매도 타이밍을 잡는 방법입니다.

세상에는 다양한 기술직이 있습니다. 대부분은 기술이 교육을 통해 전파될 수 있을 정도로 정리가 잘 되어 있고 점수로 평가할 수 있을 정도로 체계화되어 있습니다. 하지만 특수한 직종일수록 기술은 오직 개인만이 소지하고 있으며 체계적인 정리보다는 남들에게 설명할 수 없는 부분들이 많다는 특징이 있습니다. 그렇기 때문에 이러한 재능을 이어받기 위해서는 도제수업이 필수입니다. 기술자가 설명하지 못하는, 개인적인 경험에서 묻어나는 기술들을 제자들은 시간을 들여 옆에서 하나하나 이어받아야만 합니다. 이러한 방법으로만 그 기술이 다음 세대로 전파될 수 있습니다.

단타 매매도 개인이 가지고 있는 특수한 기술이며, 이 기술을 체계적으로 전파하는 데 큰 어려움이 있습니다. 나만의 기술을 사용하여 수익을 내고 있지만 때론 그 기술을 말로 설명할 수 없을 때가 많기 때문입니다. 특히 호가창과 체결창은 한 종목 한 종목, 하루하루가 다르며 마치 살아있는 생물과 같은 모습을 보여줍니다. 때문에 말로 설명하기란 거의 불가능에 가깝다고 할 수 있습니다. 하지만 수많은 매매 경험과 호가창 체결창을 깊게 분석한 결과 어느 정도 움직임에 대해서는 큰 틀에서 정립이 되었기에 최선을 다해 설명하고자 합니다.

호가창과 체결창이 중요한 돌파 매매와 스캘핑

호가창과 체결창 분석법은 사실 눌림목 매매에서는 필요하지 않습니다. 왜냐하면 눌림목에서는 호가창이 빠를 이유가 없습니다. 파동의 상승 부위에서는 빠르게 거래를 체결시키면서 주가를 위로 올려줘야 하기 때문에 체결이 많이 일어나서 호가창과 체결창이 굉장히 활성화되는 경우가 많습니다. 눌림목 같은 경우는 주가가 하락하고 있는 중이기 때문에 매수 수급이 들어오며 호가창과 체결창

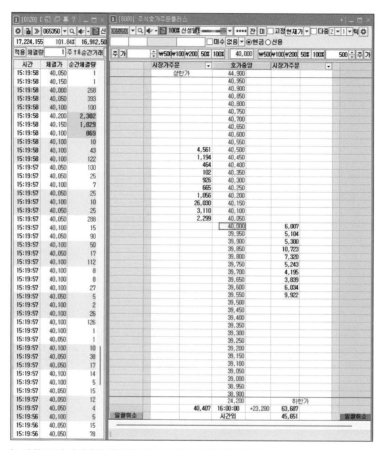

[5-9] [[0120] 미니체결] 창과 [[8080] 주식호가 주문 플러스] 창

이 활성화된다기보다는 매도가 많이 체결되면서 가격을 낮추고 있는 경우가 많습니다. 따라서 호가창과 체결창 분석을 하는 방법은 돌파 매매와 스캘핑 매매에 적극적으로 사용할 수 있다고 말씀드릴 수 있습니다.

호가창과 체결창을 설명하기 전에 용어부터 정리하고 넘어가겠습니다.

① 호가창: 종목의 현재가를 기준으로 위아래로 가격이 나열되어 있는 창

② 현재가: 종목의 지금 순간 매매되는 가격

③ 매수 잔량: 매수 대기자가 현재가를 기준으로 낮은 가격에 매수 주문을 넣어놓아 체결을 기다리는 물량

④ 매도 잔량: 보유자가 현재가를 기준으로 높은 가격에 매도 주문을 넣어놓아 체결을 기다리는 물량

⑤ 매수 체결: 매도 잔량을 매수 대기자가 매수하였을 때 매수 체결이라고 하며, 체결창에 빨간색으로 표기된다.

⑥ 매도 체결: 매수 잔량에 보유자가 매도하였을 때 매도 체결이라고 하며 체결창에 파란색으로 표기된다.

⑦ 시장가 체결: 매수 또는 매도 주문을 할 때 가격에 상관없이 매수 또는 매도가 되는 주문을 뜻한다. 매수 시장가는 현재가보다 높은 가격에 체결되며, 매도 시장가는 현재가보다 낮은 가격에 체결된다.

⑧ 체결창: 매수 체결과 매도 체결의 정보가 시간 순서대로 기록되는 창

1. 종목 선정

어떤 종목을 단타 매매 대상으로 삼아야 할까요? 바로 당일의 주도주입니다. 당일의 주도주란 당일 등락률이 상한가에 가깝고, 거래량과 거래대금이 평소보다 큰 종목을 말합니다. 기본적 분석의 관점으로 보자면 특별한 이슈로 인해 테마가 형성되었거나, 당일 주가를 상승시킬 만한 뉴스가 떴을 때 급등하는 종목을 말합니다.

이러한 종목을 선정하는 가장 간편한 방법은 [[0181] 전일 대비 등락률 상위] 프로그램을 이용하는 방법입니다. 아직 주도 테마를 가릴 수도 없고, 거래량과 거래대금을 구분할 수 없다고 생각하는 초보 투자자라면 우선 전일 대비 등락률 상위에 있는 종목들을 매

순위	분	신	종목명	현재가	전일대비	등락률	매도잔량	매수잔량	거래량	체결강도	횟수	L일봉H
1	점		파워로직스	12,870 ↑	2,970	+30.00		374,326	37,421,256	103.96	3	
2	환		스킨앤스킨	169 ↑	39	+30.00		5,428,648	160,969,790	126.41	2	
3	점		한국화장품	9,710 ↑	2,240	+29.99		156,921	6,252,014	60.24	3	
4	신		원익피앤이	11,070 ↑	2,550	+29.93		479,894	27,961,454	93.75	3	
5			TPC	4,020 ↑	925	+29.89		583,107	4,204,946	131.39	1	
6			진영	6,740 ↑	1,550	+29.87		542,451	14,058,902	88.63	1	
7			큐리옥스바	22,500 ↑	5,170	+29.83		147,149	6,394,020	78.90	2	
8	점		형셍그룹	302 ↑	69	+29.61		3,329,919	33,050,265	116.43	1	
9	점		코츠테크놀	25,300 ▲	4,900	+24.02	13,093	14,355	4,832,609	88.41	2	
10			와이랩	14,430 ▲	2,710	+21.09	5,474	15,475	17,029,359	90.53	1	
11	신		태웅	19,640 ▲	3,420	+21.09	1,979	5,399	1,252,229	108.26	1	
12	신		지노믹트리	26,500 ▲	4,250	+19.10	43,200	24,614	6,095,946	96.94	1	
13	신		지아이이노	29,450 ▲	4,650	+18.75	15,604	15,816	2,896,521	135.50	3	
14	점		동운아나텍	28,400 ▲	4,200	+17.36	14,310	15,977	4,217,982	101.58	1	
15	점		제이준코스	8,880 ▲	1,250	+16.38	4,121	7,203	2,792,864	65.02	3	

[5-10] [[0181] 전일 대비 등락률 상위] 화면 모습

매 대상으로 주목합니다. 거래대금과 거래량이 어느 정도 충족하고 있는 경우가 많기 때문에 위험부담을 줄일 수 있는 방법이 될 것입니다.

2. 매수 전 고려사항

종목을 선정했다면 이제 매수 준비를 해야 합니다. 매수하기 위해서는 빈드시 지금 이 순간 호가창과 체결창에서 매수 시장가 체결이 압도적으로 많은 상태여야 합니다.

TPC라는 종목의 2023년 8월 11일 3분봉 차트입니다(5-11). 오전 9시 정각부터 매수 수급이 들어오며 주가를 끌어올리기 시작합니다. 9시 30분까지 파동을 그리며 상승을 하다가 9시 36분쯤 이전 거래량과 비교해 엄청난 양의 매수 수급이 들어오며 전고점을 돌파하기 시작합니다.

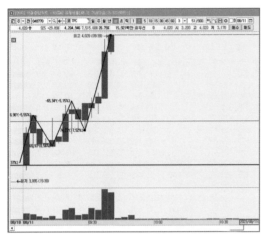

[5-11] 2023년 8월 11일 TPC(048770) 3분봉 차트

시간	체결가	순간체결량
09:36:21	3,735	330
09:36:21	3,730	536
09:36:21	3,725	1,012
09:36:21	3,720	1,945
09:36:21	3,715	7,631
09:36:21	3,710	763
09:36:21	3,705	33
09:36:21	3,700	11,040
09:36:21	3,695	2,295
09:36:21	3,695	236
09:36:21	3,695	1,003
09:36:21	3,690	3,447
09:36:21	3,685	3,791
09:36:21	3,680	10
09:36:21	3,685	30
09:36:21	3,680	1
09:36:21	3,685	83
09:36:20	3,680	35
09:36:20	3,685	840
09:36:20	3,680	56
09:36:20	3,680	641
09:36:20	3,680	23
09:36:20	3,680	1,000
09:36:20	3,680	95
09:36:20	3,680	198
09:36:20	3,680	33
09:36:20	3,675	1
09:36:20	3,680	1
09:36:20	3,680	16
09:36:20	3,680	1,000
09:36:20	3,675	10
09:36:20	3,680	41
09:36:20	3,680	1
09:36:20	3,680	253
09:36:20	3,680	87
09:36:20	3,680	1
09:36:20	3,680	248
09:36:19	3,680	30
09:36:19	3,680	188
09:36:19	3,675	1
09:36:19	3,680	343
09:36:19	3,680	1
09:36:19	3,670	1,017

이때의 체결창을 보면(5-12) 빨간색으로 표시되는 매수 체결의 수가 파란색의 매도 체결 수보다 압도적으로 많습니다. 또한 체결 시간을 보면 매수 체결이 불과 3초 안에 이루어졌음을 알 수 있습니다.

따라서 우리가 돌파 종목을 매수하는 타이밍이나 스캘핑을 통해 매수하는 타이밍은 반드시 이렇게 매수세가 매도세보다 압도적으로 많고 체결량이 급증해 체결창에 기록되는 속도가 엄청나게 빠른 순간을 노려야 합니다.

[5-12] TPC 9시 36분 체결창 정보

2,000만 원 이상의 매수 체결에 주목하라

챕터 3에서 [종합환경 설정] 창의 특정 체결량 설정을 통해 체결이 2,000만 원 이상일 경우 눈에 띄도록 설정을 바꾸었습니다. 그렇다면 왜 하필 2,000만 원일까요?

여기에는 저만의 개인적인 경험이 녹아 있습니다. 처음 이 설정을 알게 된 뒤 1,000만 원부터 시작해 1억 원까지 거래대금을 다양하게 설정하여 단타 매매를 진행해보았습니다. 5,000만 원, 7,000만 원, 1억 원 등 5,000만 원 이상의 거래대금을 설정했을 때는 돌파 타이밍을 다소 늦게 잡는 경우가 많았습니다. 그리고 1,000만 원으로 설정했을 때는 너무 잦은 거래 체결로 오히려 특정 돌파 타이밍을 잡을 수 없는 경우가 많았습니다. 2,000만 원 이상의 거래대금으로 설정했을 때 비로소 모든 금액대를 통틀어 돌파가 일어나는 타이밍을 가장 적절하게 잡아낼 수 있었습니다. 그리고 저의 주된 단타 매매 시드 금액이었던 2,000만 원을 감안하였을 때 언제든지 빠르게 매수와 매도가 가능한 종목을 잡아내는 데도 용이하였습니다.

한 번에 2,000만 원 이상을 체결하려는 투자자가 많지 않으며, 특정 가격대와 시간대에 2,000만 원 이상의 매수 수급이 동시 다발적으로 체결된다는 것은 그리 흔한 일은 아닙니다. 그렇기에 이러한 특수한 상황을 특정 세력이나 프로그램 매매의 개입으로 보고 매수 타이밍으로 잡아내는 것입니다.

따라서 종목을 선택하였다면 추적 관찰하면서 차트상의 돌파 타점을 유심히 관찰하다가 2,000만 원 이상의 체결이 많이 이루어지면서 순간적으로 매수 수급이 매도 수급보다 압도적으로 많은 타이밍에 매수해야 주가가 상승할 확률이 높아집니다. 내가 매수하는 순간, 체결창에 노란색(2,000만 원 이상)과 빨간색(매수 물량)만 많아야 합니다. 순간적으로 파란색(매도 물량)이 많아지더라도 빨간색(매수 물량)이 다시 한번 회복해준다면 상승을 이어나갈 수 있게 됩니다.

이런 모습의 체결이 반복적으로 나타나게 되면 가격이 상승하기 시작합니다. 단, 파란색(매도 물량)이 쭉 내려오게 되면 그때는 매도로 대응해야 합니다. 종목을 선택하고 차트와 파동까지 완벽하게 맞아떨어지는 상태지만 빨간색이 아닌 파란색 체결이 압도적으로 많다면 절대로 매수해선 안 됩니다. 만약 매수에 들어가게 된다면 그 지점이 당일의 고점이 될 확률이 높거나, 본전 또는 약수익으로 빠져나오는 데 엄청나게 긴 시간이 걸릴 겁니다.

그렇다면 매수 직후에는 어떤 부분을 봐야 할까요? 돌파 매매와 스캘핑 매매는 매수 전부터 거래가 급증하여 내가 매수한 뒤에도 그 속도를 이용하여 가격을 올려야 한다는 말씀을 이미 드렸습니다. 매수 전 고려사항이 매수 직후에도 이어져야 한다는 말입니다. 매수 전부터 거래가 급증하고 빨간색 매수 시장가와 2,000만 원 이상의 노란색 체결이 이뤄지는 와중에 나의 단타 매수 물량이 중간에 끼어 들어가고, 그 이후에도 계속해서 이런 물량이 체결되면서 주가를 위로 올려야 합니다. 한마디로 매수 시장가로 체결되는 속도를 이용해서 주가를 올려야 한다는 것입니다. 매수 직후에는 매수 시장가 주문이 끊임없이 유입되는지부터 살펴야 합니다.

상승하는 호가창은 어떤 모습일까?

주가가 상승하는 호가창의 모습은 다음과 같습니다. 현재가를 기준으로 매수 잔량과 매도 잔량 각각 3개를 선정해 평균 거래량을 계산하여 항상 시장가 매수가 들어와 매도 잔량을 체결시키면서 현재가의 호가 잔량이 비어 있을 때 바로 빈 공간을 그 평균 거래량만큼 매수 잔량으로 채워주어 호가 공백을 허용하지 않고, 다시 그 위 호가를 매수 시장가로 체결시키며 가격을 높이는 상승 순환 구조가 이루어지는 모습을 말합니다.

말이 조금 어렵습니다. 신성델타테크의 호가창(5-13)을 예시로 설명하면 현재가를 기준으로 매수 잔량을 3개를 평균내면 약 5,000주 정도가 됩니다. 3개의 매도 잔량을 평균내면 약 3,000주가 됩니다. 40,150원에 26,030주가 쌓여 있지만 특정 가격대의 큰 매수나 매도 잔량은 러프하게 나머지 2개의 평균에 맞춰 계산합니다. 항상 상승이 일어나는 호가창을 생각한다면 매수 잔량과 매도 잔량 평균 중 높은 평균 거래량을 기준으로 삼으면 됩니다. 따라서 이 경우 약 5,000주의 평균 거래량이라는 계산이 나오게 됩니다. 정확하게 계산해야 하는 것이 아니므로 어렵지 않습니다.

만약 40,000원이 매수 타점이고 순간적으로 매수 시장가 체결이 40,000원에 쌓여 있는 물량을 거둬갔다면 40,000원의 호가창은 순간적으로 매수와 매도 모두 비어 있게 됩니다. 그때 바로 5,000주 정도가 이 매수 잔량에 쌓여줘야 합니다. 이 말은 여전히 매수하려는 사람들이 많다는 뜻입니다. 그래야 매수와 매도의 싸움에서 매도가 현재가를 낮추는 현상을 방지하게 되며, 쌓아주고 매수 시장

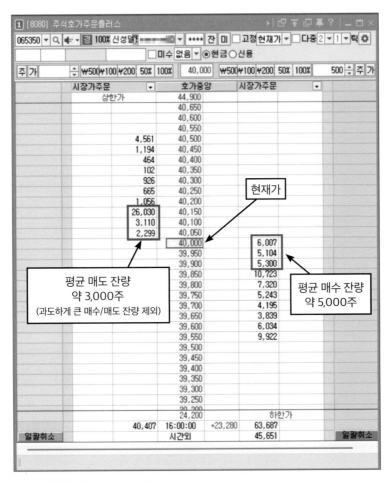

[5-13] 신성델타테크(065350) 호가창

가로 걸어 올리고, 쌓아주고 시장가로 걸어 올리고, 쌓아주고 시장
가로 걸어 올리고가 반복적으로 이루어질 수 있게 되는 겁니다.

여기서 말하는 '걸어 올리고 쌓아주고'라는 말은 매수 시장가 체
결과 매수 잔량을 빈 호가에 걸어주는 매수세를 합하여 말하는 것
입니다. 만약 둘 중 하나라도 사라지면 어떻게 될까요? 매수 시장가

로 걸어 올라가는 모습이 보이지 않고, 매수 잔량만 계속해서 쌓이게 된다면 큰 물량이 쌓여 있는 호가 가격은 지지로 작용하는 것이 아니라, 종목을 대량으로 보유한 보유자가 자신의 물량을 한 번에 매도하여 수익실현할 수 있는 아주 좋은 호가가 되는 것입니다. 따라서 이러한 큰 물량이 한 번이라도 체결된다면 급락의 시작점으로 작용하여 흐름을 하락으로 전환하게 됩니다.

반대로 매수 시장가로 걸어 올리며 현재가를 상승시키고는 있지만 걸어간 호가의 공백이 채워지지 않고 고스란히 공백으로 유지된다면 어떨까요? 매수 시장가로 치고 올린다 하더라도 조금의 매도 물량으로 훅 떨어지고, 또 치고 올렸다 하더라도 조금의 매도 물량으로 훅 떨어지기 때문에 가격이 올라가지 않습니다. 그래서 반드시 걸어가고 쌓아주고, 걸어가고 쌓아주고의 모습이 유기적으로 나와야 계속해서 현재가를 치고 올리는 모습을 보이며 상승 흐름을 유지할 수 있습니다.

이렇게 이상적인 호가창 체결창의 모습이 하나라도 삐끗한다면 그때가 바로 매도 타이밍이 됩니다.

매도 타이밍과 손절매 타이밍

돌파 매매와 스캘핑 매매는 매수 즉시 수익이 나야 하는 매매법입니다. 따라서 호가창과 체결창을 볼 때 내가 매수한 직후 갑자기 매수 시장가 체결이 줄거나 매수 호가를 빠르게 채워주지 않는다면 상승 흐름이 끊긴 것으로 보고 매도해야 합니다. 쭉 치고 올라가던 매수 물량이 매수 시장가 체결이 안 되기 시작하고, 여기에 쌓아주는 물량이 없어지기 시작하면 현재 이 종목을 보유하고 있는 보유자들은 '내가 더 이상 비싸게 팔지 못하네? 지금이라도 팔아야겠다'라고 판단하면서 매도 물량이 쏟아지게 됩니다. 그때가 바로 내가 손절매할 타이밍이고, 그때가 바로 내가 익절매할 매도 타이밍이 되는 것입니다.

호가창 분석 FAQ

호가창 분석에 대해 가장 많이 궁금해하는 것들을 간단하게 정리해 보았습니다.

1. 매수 잔량보다 매도 잔량이 더 많아야 상승한다?

제 경험상에는 그런 공식은 존재하지 않습니다.

아주 예전부터 인터넷 글이나 유튜브 영상에서 호가창의 매도 잔량이 매수 잔량보다 많아야 상승한다는 말이 정석처럼 나오고 있습니다. 하지만 이는 사실이 아닙니다. 그런 공식이 있다면 매도 잔량이 매수 잔량보다 많은 종목을 선택해 매매하면 무조건 수익이 나야 하지만 전혀 그렇지 않기 때문입니다.

저는 단타 매매를 완성시키기 위해 수년 동안 안 해본 매매가 없다고 말씀드렸고, 이런 종목만 찾아 매매해본 경험도 있습니다. 하지만 전혀 주가 상승과의 연관성을 찾을 수가 없었습니다. 여기에는 아주 간단한 이유가 존재합니다. 장중 호가창의 매수/매도 잔량은 현재가를 기준으로 각각 위아래 10호가씩 나타나게 됩니다. 따라서 가격이 상승하면 10개의 매수 잔량 호가 중 맨 아래 있는 잔량이 사라지고 보이지 않던 위쪽 호가의 매도 잔량이 하나 나타나게 됩니다. 10개의 호가를 제외하고 대기 물량이 없는 것이 아니라 시스템적으로 우리가 볼 수 없을 뿐, 존재하고 있는 물량들인 것입니다.

따라서 가격이 상승하면 맨 아래 매수 잔량은 사라지고 맨 위에 새로운 매도 잔량이 나타나게 됩니다. 이때 새로 나타나는 매도 잔량 중 일부는 라운드 피겨 가격이나 중요 저항대일 가능성이 크기 때문에 큰 매도 잔량이 나타나 이미 형성되어 있는 매수 잔량보다 매도 잔량이 더 커지게 됩니다. 라운드 피겨는 가격 뒤 숫자 0이 두 개가 붙어 있는 1,000원, 8,400원, 10,000원 등을 말하는데, 심리상의 매매 패턴과 관련되어 있습니다. 9,990원보다 10,000원에 매수 또는 매도하려는 사람의 심리가 작용하여 실제로 호가창을 보면 끝자리가 00으로 끝나는 금액의 호가창 매도 잔량이 다른 호가의 매도 잔량들보다 많습니다. 그래서 매수/매도 잔량은 상승 확률과는 관계가 없고 단순히 가격이 상승함에 따라 후행적으로 따라오는 흐름일 뿐, 현재가가 올라가면서 당연히 나타나는 현상입니다. 따라서 결괏값을 보고 매수에 들어간다고 하면 말이 안 되는 것입니다. 그래서 결과를 보고 매수에 들어가면 이미 하락이 시작되었을 수도 있습니다.

Tip

라운드 피겨란?

라운드 피겨(Round Firuge)란 1,000원, 10,000원, 50,000원 등 뒷자리의 숫자가 00으로 떨어지는 호가상의 금액을 말합니다. 라운드 피겨 금액에는 사람의 심리상 9,990원보다 '10,000원에 매도하고 싶은 마음', '10,000원을 돌파하는 흐름' 등의 매매 타점으로 작용하기도 합니다. 그리고 호가상의 단위 금액이 10원에서 50원으로 바뀌고 50원에서 100원으로 바뀌는 등의 변곡점도 라운드 피겨 금액에서 이루어지기 때문에 투자 심리의 집약점이라고 볼 수 있습니다. 투자자에 따라 뒷자리 숫자가 000인 금액을 라운드 피겨로 보는 경우도 있습니다.

2. 시장가 체결이 갖는 의미는 무엇인가요?

시장가 체결이라는 말은 '가격에 상관없이 이 주식을 매수하겠다'라는 의미입니다. 따라서 그렇게 매수하고자 하는 사람은 이 종목이 무조건 내가 사는 가격보다 올라갈 것이라는 믿음을 전제로 매수하기 때문에 그러한 시장가 체결이 많으면 많을수록 주가는 상승하게 되어 있습니다.

반대로 시장가 매도 체결이 많아진다면 당연히 가격과 상관없이 이 주식을 매도하겠다는 뜻이 내포되어 있습니다. 때문에 이러한 체결이 많으면 당연히 주가는 하락하게 되어 있습니다. 그래서 시장가 체결은 시장과 투자자들의 심리 집합체입니다.

3. 올라가는 호가창을 예측할 수 있나요?

종목 선정 이후 매수 시장가 체결이 활성화되는 타이밍을 노려 매수해야 합니다. 이러한 모습이 바로 올라갈 가능성이 큰 호가창의 모습이기 때문입니다. 하지만 매수 직후부터 이러한 모습이 무조건 유지된다는 말은 아닙니다. 매수 직후부터는 무조건 호가창과 체결창의 활성화가 풀리는 시점을 매도 타이밍으로 선정해야 하며, 반드시 매도 버튼을 클릭할 준비를 해야 합니다. 매도 버튼에 마우스를 올려놓는 이유는 올라갈 가능성이 큰 호가창을 보며 매수에 들어갔지만 언제든지 생각했던 흐름이 나오지 않을 수 있기 때문에 바로 매도할 준비를 하고 있다는 뜻입니다. 이런 마음이 깔려 있어야 돌파 매매와 스캘핑 매매에서 손절매할 수 있습니다.

4. 손절매를 잘 못 하겠어요

손절매 없는 단타 매매는 없습니다.

손절매는 단타 매매에 가장 중요한 요소 중 하나입니다. 종목을 선정하고, 타점을 정하고, 호가창 및 체결창을 분석한 뒤에 매수한다 해도 반드시 내가 뜻하는 대로 주가가 흘러간다는 보장이 없습니다. 따라서 어느 시점이나 요소 중 하나라도 나의 예측과 벗어나게 된다면 과감하게 매도해야 합니다. 매도 금액이 크든 작든 문제되지 않고 오로지 매도한다는 행위 자체가 중요합니다.

손절매와 매도는 '1%에 수익실현 해야지' 또는 '마이너스 2%

에 손절매해야지'가 아니라, 흐름이 끊기면 빠르게 매도하는 게 가장 좋습니다. 또한, 조금 더 손해를 감수하고서라도 반등 흐름을 위해 더 지켜보며 버티는 대응을 할 수도 있습니다. 내가 손해를 감수하고 버틸 거라는 말은 그 결과에 대해서 내가 책임진다는 말과 같습니다. '매도했는데 손실이 너무 크다, 큰일 났네' 이런 마음이 아니라 '지금이 매도 타이밍은 맞지만 조금만 더 지켜보자. 반등을 할 수도 있어. 조금만 지켜보고 조금 더 내려가면 그때 손절매하자. 하지만 내가 기다리는 바람에 손절매 금액이 커진다면 감내하자. 다음 매매에 영향을 주지 않도록 이미 나는 여기에 대해서 충분히 마음의 준비가 되어 있어'라고 생각한다면 완벽하게 내 매매를 통제하고 있는 것입니다.

타의에 의해 손절매 폭이 넓어지게 되면 멘털이 탈탈 털려버립니다. 하지만 자의적으로 손절매 폭이 넓어지는 것은 충분히 복구가 가능합니다. 그래서 손절매를 잘 못 하겠다라는 것은 결국에는 마인드셋의 문제이며, 손절매를 못 하면 단타를 포기해야 할 수도 있다는 사실을 반드시 기억해야 합니다. 왜냐하면 손절매는 단타 매매에서 가장 중요한 요소 중 하나이기 때문입니다.

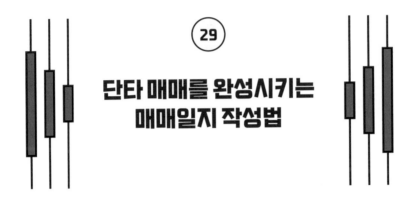

단타 매매를 완성시키는
매매일지 작성법

매매일지를 쓰는 목적

단타 매매라 함은 기본적으로 시세차익을 추구하는 매매 방식입니다. 정확한 매수 타점을 공략해 내가 산 가격보다 비싸게 팔고 나오면 매매가 성립됩니다. 하지만 아시다시피 우리는 내가 세운 기준 타점이 아님에도 불구하고 급등하는 종목에 올라타는 무지성 매매를 진행하는 경우가 많습니다. 이런 매매를 뇌동 매매라고 하며, 이는 한 사람의 계좌를 아주 손쉽게 파괴할 수 있는 가장 피해야 할 매매법입니다. 이 뇌동 매매를 근절하기 위하여 매일 해야만 하는 것이 바로 나의 매매를 객관적으로 리뷰하여 매매의 질을 향상시킬 수 있는 매매일지를 작성하는 것입니다.

뇌동 매매를 잡기 위해 수많은 방법을 써보았지만 이 방법만큼 효과적인 방법은 없었습니다. 그런데 단타 매매의 특징 중 하나인

많은 양의 매매를 하나하나 기록해야 하는 것은 무척 어려운 일이 아닐 수 없었습니다. 저는 회계학과를 졸업하고 직장생활로 회계업무를 해오다 보니 데이터 가공과 엑셀 프로그램을 다루는 실력이 남들보다는 살짝 우위에 있었고, 이러한 장점을 살려 엑셀파일로 당일 매매일지를 만들기 시작했습니다.

제가 당일 매매일지를 만들 때 고려한 점은 딱 한 가지였습니다.

"나의 매매를 초 단위까지 추적하여 그때의 매수 타이밍과 매도 타이밍을 객관적으로 평가하자!"

마침 키움증권 영웅문은 나의 체결내역을 엑셀 파일로 내보낼 수 있는 기능이 있었습니다. 그 기능을 통해 손쉽게 매매일지를 작성할 수 있도록 매크로 기능을 활용하여 당일 매매일지 엑셀파일을 개발할 수 있었습니다.

매매일지를 작성하는 두 가지 방법

당일 매매일지 작성 방법은 책전주식 네이버 카페에 있는 엑셀파일을 이용한 방법과 이 엑셀파일을 바탕으로 자동화를 구현한 책전주식 공식 홈페이지의 매매일지를 이용하는 두 가지 방법이 있습니다. 두 가지 모두 같은 방식으로 작성하는 것이기에 자신에게 조금 더 편한 방법을 선택해 매매일지를 작성하면 됩니다.

매매일지 엑셀파일은 네이버 '책전주식 스터디카페' 또는 '책전주식 공식 홈페이지(www.readinginvestor.com)'에 가입 후 무료로 사용할 수 있습니다.

1. 책전주식 네이버 카페

엑셀파일은 기본적으로 매크로가 포함된 양식입니다. 따라서 엑셀파일을 사용하려면 PC에 MS 엑셀 프로그램이 설치돼 있어야 하며 매크로 기능을 활성화해야 합니다. 매매일지 엑셀파일을 실행하면 기본적으로 다음과 같이 "매크로를 사용할 수 없도록 설정했습니다."라는 보안 경고창이 뜹니다. 이때 '콘텐츠 사용'을 선택하여 매크로 사용을 승인해줍니다.

① 엑셀의 구성

당일 매매일지 엑셀파일은 일별 손익, 거래별 손익, 원장, 수식, 원본 등 총 5개의 시트로 구성되어 있으며 각각의 기능이 정해져 있습니다.

일별 손익 시트는 매일매일 작성되는 매매일지에서 당일 거래 횟수, 승수, 패수 등을 카운팅하여 승률과 손익금액을 한눈에 볼 수 있도록 합니다.

거래별 손익 시트는 오늘 하루 매매한 종목을 시간 순서대로 나열해줍니다. 만약 오늘 10종목의 거래가 이루어졌다면 순번 1~10까지 종목별 매매를 나타냅니다.

원장 시트는 이 매매일지에 가장 근본이 되는 시트입니다. HTS에서 가지고 온 거래내역을 실제 매수와 매도를 매칭하여 거래별 손익으로 모아주는 역할을 합니다.

수식 시트는 우리가 손댈 필요 없이 매크로가 일하는 시트입니다. 따로 수정하지 않도록 주의해주세요!

[5-14] 일별 손익 시트

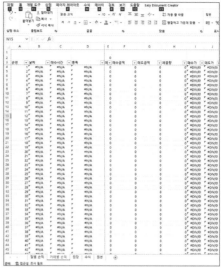

[5-15] 거래별 손익 시트

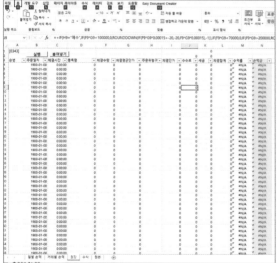

[5-16] 원장 시트

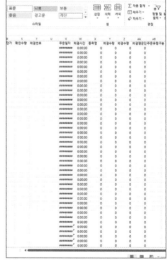

[5-17] 수식 시트

원본 시트는 우리가 HTS에서 받아온 raw date를 붙여넣기 하는 곳입니다. 매일매일 새로운 데이터를 이곳에 붙여넣을 수 있죠.

② 매매일지 작성법

우선 키움증권 영웅문4 HTS를 실행하여 [[0343] 기간별 주문 체결 상세] 프로그램을 띄웁니다. 우측의 [당일], 조회 구분을 반드시 [체결]로 선택하고 [조회] 〉 [다음]을 클릭합니다. 이때 창 아래 '조회가 완료되었습니다'라는 문구가 뜰 때까지 [다음]을 클릭해주세요.

이후 데이터의 아무 공간에서 [마우스 오른쪽 버튼] 〉 [복사]를 클릭해줍니다. 이제 오늘 하루 종일 매매했던 체결 내역이 모두 데이터화되어 엑셀 양식으로 복사되었습니다.

엑셀파일의 [원본] 시트로 이동하여 [A1] 셀을 선택한 뒤 키보드 [Ctrl]+[V]를 눌러 우리가 복사한 데이터를 붙여넣기 합니다. 이후 [원장] 시트로 이동하여 매크로로 제작된 [실행] 버튼을 클릭해줍니다. 데이터 가공이 자동으로 완성되었습니다. 이제 [B4] 셀을 클릭하여 선택한 뒤 [붙여넣기] 버튼을 클릭해줍니다.

붙여넣기 한 데이터에서 종목명과 체결 수량을 참고하여 매수와 매도를 매칭해 하나의 완료된 매매를 순번으로 표기해줍니다. 체결 수량은 매수는 마이너스로 표기되므로, 가령 100주를 매수하여 100주를 매도한 경우 매수/매도의 체결 수량 합은 0이 되어 하나의 매매로 구분됩니다.

모든 매매의 매칭을 완료하면 [거래별 손익] 시트에 시간 순서대로 매매 내역 및 매수가, 매도가, 손익금액이 자동으로 정리됩니다. 이때 매매에서 느낀 점, 매수 기준, 매도 기준을 객관적으로 평가하

계좌번호 ■■■■■ ▼ 책전   비밀번호 ********   주문일자 2023/08/11 ~ 2023/08/11   당일 1개

주식채권 주식 ▼   시장구분 전체 ▼   조회구분 ○전체 ●체결   조회 다

매매구분 전체 ▼   종목코드 [   ]▼Q   약정금액 562,659,540   매체별약정현

주식채권	주문번호	원주문번호	종목번호	매매구분	주문유형구분	주문수량	주문단가	확인수량	체결번호
주문일자	종목명	접수구분	신용거래구분	체결수량	체결평균단가	정정/취소	통신	예약/반대	체결시간
주식	63198		432430	지정가	현금매도 K	1,343	14,350	0	288,203
2023/08/11	와이랩	접수	보통매매	8	14,350		영웅문4		15:11:43
주식	63198		432430	지정가	현금매도 K	1,343	14,350	0	288,204
2023/08/11	와이랩	접수	보통매매	187	14,350		영웅문4		15:11:43
주식	63198		432430	지정가	현금매도 K	1,343	14,350	0	288,205
2023/08/11	와이랩	접수	보통매매	250	14,350		영웅문4		15:11:43
주식	63198		432430	지정가	현금매도 K	1,343	14,350	0	288,206
2023/08/11	와이랩	접수	보통매매	498	14,350		영웅문4		15:11:43
주식	63198		432430	지정가	현금매도 K	1,343	14,350	0	288,210
2023/08/11	와이랩	접수	보통매매	1	14,350		영웅문4		15:11:43
주식	63198		432430	지정가	현금매도 K	1,343	14,350	0	288,211
2023/08/11	와이랩	접수	보통매매	1	14,350		영웅문4		15:11:43
주식	63198		432430	지정가	현금매도 K	1,343	14,350	0	288,212
2023/08/11	와이랩	접수	보통매매	332	14,350		영웅문4		15:11:43

[100000] 조회가 완료되었습니다

[5-18] [[0343] 기간별 주문 체결 상세] 화면

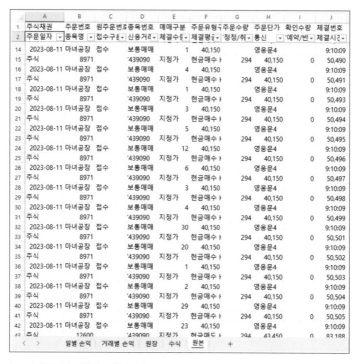

	A	B	C	D	E	F	G	H	I	J
1	주식채권	주문번호	원주문번호	종목번호	매매구분	주문유형구	주문수량	주문단가	확인수량	체결번호
2	주문일자	종목명	접수구분	신용거래	체결수량	체결평균	정정/취	통신	예약/반	체결시간
14	2023-08-11	마녀공장	접수		보통매매	1	40,150		영웅문4		9:10:09
15	주식	8971		'439090	지정가	현금매수 ト	294	40,150	0	50,490
16	2023-08-11	마녀공장	접수		보통매매	4	40,150		영웅문4		9:10:09
17	주식	8971		'439090	지정가	현금매수 ト	294	40,150	0	50,491
18	2023-08-11	마녀공장	접수		보통매매	1	40,150		영웅문4		9:10:09
19	주식	8971		'439090	지정가	현금매수 ト	294	40,150	0	50,493
20	2023-08-11	마녀공장	접수		보통매매	3	40,150		영웅문4		9:10:09
21	주식	8971		'439090	지정가	현금매수 ト	294	40,150	0	50,494
22	2023-08-11	마녀공장	접수		보통매매	5	40,150		영웅문4		9:10:09
23	주식	8971		'439090	지정가	현금매수 ト	294	40,150	0	50,495
24	2023-08-11	마녀공장	접수		보통매매	12	40,150		영웅문4		9:10:09
25	주식	8971		'439090	지정가	현금매수 ト	294	40,150	0	50,496
26	2023-08-11	마녀공장	접수		보통매매	6	40,150		영웅문4		9:10:09
27	주식	8971		'439090	지정가	현금매수 ト	294	40,150	0	50,497
28	2023-08-11	마녀공장	접수		보통매매	3	40,150		영웅문4		9:10:09
29	주식	8971		'439090	지정가	현금매수 ト	294	40,150	0	50,498
30	2023-08-11	마녀공장	접수		보통매매	4	40,150		영웅문4		9:10:09
31	주식	8971		'439090	지정가	현금매수 ト	294	40,150	0	50,499
32	2023-08-11	마녀공장	접수		보통매매	30	40,150		영웅문4		9:10:09
33	주식	8971		'439090	지정가	현금매수 ト	294	40,150	0	50,501
34	2023-08-11	마녀공장	접수		보통매매	20	40,150		영웅문4		9:10:09
35	주식	8971		'439090	지정가	현금매수 ト	294	40,150	0	50,502
36	2023-08-11	마녀공장	접수		보통매매	1	40,150		영웅문4		9:10:09
37	주식	8971		'439090	지정가	현금매수 ト	294	40,150	0	50,503
38	2023-08-11	마녀공장	접수		보통매매	2	40,150		영웅문4		9:10:09
39	주식	8971		'439090	지정가	현금매수 ト	294	40,150	0	50,504
40	2023-08-11	마녀공장	접수		보통매매	29	40,150		영웅문4		9:10:09
41	주식	8971		'439090	지정가	현금매수 ト	294	40,150	0	50,505
42	2023-08-11	마녀공장	접수		보통매매	23	40,150		영웅문4		9:10:09
	12600		'439090	지정가	현금매수 ト	294	43,450		83,188	

< > 일별 손익 거래별 손익 원장 수식 **원본** +

[5-19] 데이터가 매매일지에 붙여넣기 되었다.

여 수익과 손실 여부와 상관없이 기준에 맞지 않는 뇌동 매매를 구분하여줍니다.

일별 손익 시트에는 당일 매매 거래 횟수와 승/패 및 승률이 자동으로 기록되어 나의 매매를 체계적으로 관리할 수 있습니다.

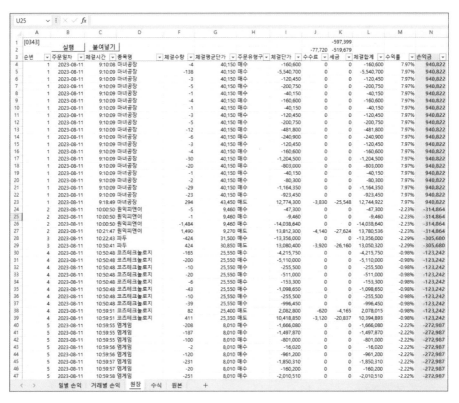

[5-20] 원장 시트 가공

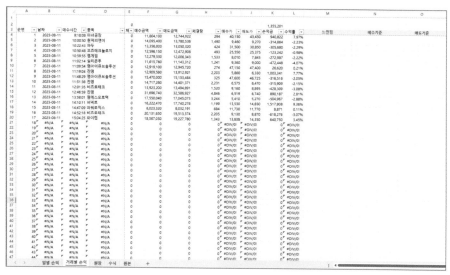

[5-21] 거래별 손익

[5-22] 2023년 8월 11일 [[0353] 실시간 계좌 관리] 창

	A	B	C	D	E	F	G
1	총 누적				1,355,201		
2	전달 누적손익				0		
3					1,355,201		
4	날짜 ▼	거래횟수 ▼	승수 ▼	패수 ▼	손익금 ▼	승률 ▼	
5	2023-08-01	0	0	0	0	#DIV/0!	
6	2023-08-02	0	0	0	0	#DIV/0!	
7	2023-08-03	0	0	0	0	#DIV/0!	
8	2023-08-04	0	0	0	0	#DIV/0!	
9	2023-08-05	0	0	0	0	#DIV/0!	
10	2023-08-06	0	0	0	0	#DIV/0!	
11	2023-08-07	0	0	0	0	#DIV/0!	
12	2023-08-08	0	0	0	0	#DIV/0!	
13	2023-08-09	0	0	0	0	#DIV/0!	
14	2023-08-10	0	0	0	0	#DIV/0!	
15	2023-08-11	17	7	10	1,355,201	41%	
16	2023-08-12	0	0	0	0	#DIV/0!	
17	2023-08-13	0	0	0	0	#DIV/0!	

[5-23] 일별 손익 시트

2. 책전주식 홈페이지

책전주식 공식 홈페이지에 접속하여 네이버 아이디로 회원가입 및 로그인을 합니다. 상단의 [단타 매매일지] 〉 [등록]을 누르고 수수료(%)에 '0.00'을 입력합니다. 아래 빈 공간에 마우스를 클릭한 뒤 키움증권 영웅문4 [[0343] 기간별 주문 체결 상세] 데이터를 복사하여 [Ctrl]+[V]로 데이터를 붙여넣기 합니다. 그 뒤 [등록] 버튼을 누르고 잠시 기다리면 거래별 손익, 일별 손익이 자동으로 정리되어 나타납니다.

각 매매를 클릭하면 엑셀파일에 있었던 느낀 점, 매수 이유, 매도 이유를 [COMMENT] 란에 등록할 수 있습니다. 책전주식 홈페이지의 당일 매매일지에 작성된 매매일지는 오직 본인만 조회할 수 있으며 엑셀파일로 다운받아 관리할 수 있습니다.

[5-24] 자동으로 매매 내역이 분류된 모습

[5-25] 각 매매의 세부 내역

단타 매매는 누구나 할 수 있지만, 아무나 할 수 없는 이유는 이 기법을 사용하는 나의 마음을 잡는 것이 너무나 어렵기 때문입니다. 단타 매매는 수익을 내는 게 어려운 것이 아닙니다. 수익을 지키는 것이 어려운 것입니다. 수익에 대한 욕심, 오전 매매에서 일당 수익을 벌어놨음에도 불구하고 그만두지 못하고 계속 뇌동 매매에 사로잡힌 나 자신 때문에 힘든 것입니다.

그럼에도 불구하고 정말 단타를 하고 싶다면 제가 이 챕터에서 알려드린 모든 기준과 원칙을 반드시 지키시길 바랍니다. 이것만으로도 충분히 단타 매매를 할 수 있습니다. 무리한 당일 수익금액 목표를 세우지 말고 오직 매매 기준을 지키며 정석적인 매매로 충분한 경험을 쌓는다면 누구라도 단타 매매로 성공할 수 있습니다.

Tip

매매일지에 꼭 들어가야 하는 항목

매매일지를 작성할 때 책에 소개된 엑셀파일이나 홈페이지의 양식을 따르지 않아도 상관없습니다. 매매일지를 쓰는 목적은 나의 매매에 대해 객관적으로 판단하고 실수를 바로잡기 위함이기 때문입니다. 하지만 매매일지를 작성할 때는 반드시 다음 항목이 포함되어 있어야 합니다.

1. 매수 근거
2. 매도 근거
3. 매매 결과에 대한 느낀 점

매수 근거가 명확하지 않다면 뇌동 매매이며, 매도 근거가 명확하지 않다면 손절매선 미준수가 됩니다. 따라서 이러한 단점들을 가감 없이 객관적으로 매매 결과에 대한 느낀 점으로 남겨 다음부터 실수를 반복하지 않도록 노력해야 합니다.

에필로그

평생 기억해야 할
주식 투자의 목적

저에게 주식 투자의 목적은 '돈'을 벌어서 '행복'하게 사는 것이었습니다. 때로는 주식 투자에 실패해서 돈을 잃기도 하고, 돈을 벌면 벌수록 돈에 집착해서 벌었던 돈을 잃기도 하면서 행복과 거리가 멀어질 때가 많았습니다. 결국 돌고 돌아 제자리로 오게 되니 보이는 것은 처음 내가 주식 투자를 시작했던 그 이유인 '나와 내 가족이 행복하게 사는 것'이었습니다.

경제적 자유를 이루고 이것을 바탕으로 여가생활을 즐기고, 사랑하는 가족, 친구들과 함께 즐거운 시간을 보내는 것이 주식 투자의 목적이 되어야 합니다. 주식 투자에 목매어 마치 주식의 노예가 되는 그런 삶을 살지 않았으면 좋겠습니다.

주식 투자는 재테크 수단입니다. 일확천금의 기회도 아닙니다. 투기와 도박 사이 그 무엇도 아닙니다. 평생 기억해야 할 주식 투자 목적은 바로 여러분의 행복입니다.

여러분 자신과 가족의 행복을 위해서만 주식 투자를 하시기 바랍니다.

하루 10분 매일 월급 버는
기적의 매매 공식

초판 1쇄 발행 | 2023년 12월 6일
초판 3쇄 발행 | 2024년 2월 19일

지은이 · 책전주식
발행인 · 이종원
발행처 · (주)도서출판 길벗
출판사 등록일 · 1990년 12월 24일
주소 · 서울시 마포구 월드컵로 10길 56(서교동)
대표 전화 · 02)332-0931 | 팩스 · 02)323-0586
홈페이지 · www.gilbut.co.kr | 이메일 · gilbut@gilbut.co.kr

기획 및 책임편집 · 이재인(jlee@gilbut.co.kr)
마케팅 · 정경원, 김진영, 김선영, 최명주, 이지현, 류효정 | 유통혁신 · 한준희
제작 · 이준호, 손일순, 이진혁, 김우식 | 영업관리 · 김명자, 심선숙, 정경화 | 독자지원 · 윤정아

교정교열 · 정은아 | 디자인 · 김윤남
CTP 출력 및 인쇄 · 북토리 | 제본 · 경문제책

ISBN 979-11-407-0709-6 13320
(길벗도서번호 070471)

정가 19,800원

독자의 1초를 아껴주는 정성 길벗출판사

(주)도서출판 길벗 | IT교육서, IT단행본, 경제경영, 교양, 성인어학, 자녀교육, 취미실용 www.gilbut.co.kr
길벗스쿨 | 국어학습, 수학학습, 어린이교양, 주니어 어학학습, 학습단행본 www.gilbutschool.co.kr